國社會的

公共政策

(第二版)

主編 ◎ 張晟、王丹
副主編 ◎ 李海、蔡旋滔、周拓宇、宋洋

第二版前言

《美國社會的公共政策》一書的基本內容是介紹美國的社會概況與美國的公共政策是如何相互影響和作用的,同時,伴隨著美國社會的發展,美國政府為什麼要這樣制定相應的公共政策,並說明這些政策將會對美國社會產生何種影響。

政治學在多年的發展過程中逐漸形成了一系列用來描述和解釋政治生活的概念和模型,這些模型並不是相互競爭或排斥的。在政策分析中,很難界定模型的用途,更不能簡單地評論政治模型的成功與失敗。其實,政治模型所關注的往往只是公共政策在社會生活中引起的不同反應,所解釋的也只是社會生活的不同方面。我們運用不同的分析模型來描述和解釋美國社會的公共政策,其目的是要告訴讀者美國社會的公共政策所關注的關鍵領域,並鼓勵讀者使用政治學的這些概念和模型來解釋相關領域中的公共政策的因果關係。學生既要瞭解美國社會的基本情況,又要掌握制定公共政策的主要影響因素,還要考慮美國社會的公共政策的發展,深刻理解美國社會現狀和公共政策的基本概念、理論框架與基本要素,並有能力分析美國社會公共管理案例,掌握美國制定公共政策的價值觀念、思維方法、模型路徑,掌握具體的決策與分析技術,熟悉公共政策制定的主體和途徑,瞭解美國在公共政策制定過程中

的主要經驗和教訓，如美國社會公共政策問題的界定、美國社會公共政策方案的編製和抉擇、美國社會公共政策的執行和美國社會公共政策的評估。

《美國社會的公共政策》一書主要是針對工科學生特別是應用技術型本科學生開展通識教育而編寫的，充分考慮了應用技術型本科學生在通識教育學習中的需要。

本書的編寫是在一邊教學一邊撰寫的狀態下完成的，因此遺漏與錯誤在所難免，懇請讀者提出批評指正。

編 者

目 錄

第一章　美國社會公共政策理論概要 ………………………………（1）
　　第一節　社會學和公共政策學的定義 ………………………………（1）
　　第二節　美國的社會概況 …………（7）
　　第三節　系統的理論模型 …………（17）

第二章　美國的政治體制與政策模型 ……（20）
　　第一節　美國的政治體制 …………（20）
　　第二節　美國的政府概況 …………（25）
　　第三節　美國的政策模型 …………（27）

第三章　美國的刑事司法 …………………（32）
　　第一節　美國的刑事問題 …………（32）
　　第二節　多樣化的聯邦刑事司法機構 ………………………………（34）
　　第三節　美國的槍支管理 …………（35）
　　第四節　美國的反毒品運動 ………（39）
　　第五節　美國的監獄與死刑 ………（44）

第四章　美國的社會福利制度 ……………（53）
　　第一節　美國的社會福利保障 ……（53）
　　第二節　美國的貧困問題 …………（57）
　　第三節　美國的醫療保險 …………（58）
　　第四節　美國的養老保險 …………（65）

第五章　美國的教育政策 …………………（74）
　　第一節　美國教育政策的歷史演變 …（74）
　　第二節　美國的教育體制 …………（78）
　　第三節　美國的初等教育 …………（91）

第四節　美國的高等教育 ………… （92）
　　第五節　從美國教育戰略的發展歷史
　　　　　看美國的教育霸權 ………… （99）
第六章　美國的經濟政策 ……………… （104）
　　第一節　美國經濟的發展歷史 …… （104）
　　第二節　美國經濟大蕭條的原因 … （106）
　　第三節　21世紀的美國經濟 ……… （109）
　　第四節　美國的貨幣政策 ………… （110）
第七章　美國的稅收政策 ……………… （115）
　　第一節　美國的稅收概況 ………… （115）
　　第二節　劫富濟貧的美國稅收政策 … （120）
　　第三節　美國稅收制度存在的問題與危害
　　　　　………………………………… （123）
第八章　美國的世界貿易政策 ………… （128）
　　第一節　美國貿易政策的演進 …… （128）
　　第二節　美國的經濟政策對美國製造業的
　　　　　影響 ………………………… （128）
　　第三節　美國的移民政策 ………… （130）
第九章　美國的環境政策 ……………… （142）
　　第一節　美國的環境政策概況 …… （142）
　　第二節　美國對於全球變暖問題的態度
　　　　　………………………………… （149）
　　第三節　美國的核電問題 ………… （151）
第十章　美國的國防及反恐政策 ……… （156）
　　第一節　美國的國防政策 ………… （156）
　　第二節　美國的反恐政策 ………… （164）
參考文獻 ………………………………… （175）

第一章
美國社會公共政策理論概要

第一節　社會學和公共政策學的定義

　　社會學是專門研究社會的學科，起源於 19 世紀末期，是從社會哲學演化出來的現代學科。社會學使用各種研究方法進行實證調查和批判分析，以發展及完善一套有關人類社會結構及活動的知識體系，並以運用這些知識去尋求或改善社會福利為目標。社會學的研究範圍廣泛，包括了由微觀層級的社會行動或人際互動至宏觀層級的社會系統或結構，因此社會學通常與經濟學、政治學、人類學、心理學、歷史學等學科並列於社會科學領域之下。

　　公共政策的定義：公共政策是公共權力機關經由政治過程所選擇和制定的解決公共問題、達成公共目標、實現公共利益的方案，其作用是規範和指導有關機構、團體或個人的行動，其表達形式包括法律法規、行政規定或命令、國家領導人口頭或書面的指示、政府規劃等。

　　公共政策作為對社會利益的權威性分配，集中反應了社會利益，從而決定了公共政策必須反應大多數人的利益才能使其具有合法性。因而，許多學者都將公共政策的目標導向定位於公共利益的實現，認為公共利益是公共政策的價值取向和邏輯

起點，是公共政策的本質與歸屬、出發點和最終目的。

學者們的看法

伍德羅·威爾遜認為，公共政策是由政治家即具有立法權的人制定而由行政人員執行的法律和法規。

哈羅德·D.拉斯韋爾和亞伯拉罕·卡普蘭指出：「政策是一種為某項目標、價值與實踐而設計的計劃。」

戴維·伊斯頓認為，公共政策是政府對整個社會的價值所做的權威性的分配。

托馬斯·R.戴伊認為：「公共政策就是政府選擇要做或者不要做的事情。」

羅伯特·艾斯通認為，公共政策就是「政府機關和它周圍環境之間的關係，用公式表達即為 $P = f(G, E)$，P 指公共政策，G 指政府系統，E 指生存環境」。

斯圖亞特·S.那格爾認為：「公共政策就是政府為解決各種各樣的問題所做出的決定。」

社會學與公共政策學的區分

社會學在研究題材上或研究法則上均有相當的廣泛性，其傳統研究對象包括了社會分層、社會階級、社會流動、社會宗教、社會法律、越軌行為等，而採取的研究方法則包括定性和定量模式。由於人類活動的所有領域都由社會結構、個體機構影響塑造而成，所以隨著社會的發展，社會學進一步擴大其研究重點至其他相關科目，例如醫療、軍事或刑事制度、互聯網等，甚至包括「科學知識發展在社會活動中的作用」一類課題。社會科學方法的範圍也越來越廣泛。20世紀中葉以來，多樣化的語言、文化轉變也同時產生了更多更具有詮釋性、哲學性的社會研究模式。而且，自20世紀末掀起的科技浪潮，也為社會學帶來了嶄新的數學化計算分析技術，例如個體建模（ABM）和社交網路分析。

社會科學是對人類社會特徵、交互作用和變化的研究。例如人類學、經濟學、歷史學、心理學、政治學。

公共政策學是一門交叉性學科，具有很強的綜合性，涉及社會科學和自然科學兩大領域中很多內容，目的是培養掌握公共政策學理論和政策分析方法、熟悉具體政策法規、多學科知識交叉的複合型人才。

通過學習公共政策學，可以讓學生具備以下幾方面的能力：

（1）掌握公共政策學的基本理論和專業知識；

（2）掌握公共政策分析的價值觀念、思維方法、模型路徑，掌握具體的決策與分析技術；

（3）熟悉公共政策制定的主體和途徑，瞭解公共政策制定中的主要歷史經驗和教訓；

（4）運用現代公共政策學原理和方法分析問題、解決問題的能力；

（5）具備公共政策問題界定能力、公共政策方案規劃和抉擇能力、公共政策執行能力、公共政策評估能力。

研究公共政策學的方法

公共政策學是科學，決策科學化是這門學科的根本訴求。就是在既定的政策目標和價值體系下，以最佳途徑和環節達到最佳政策效果；就是無論從結果取向來衡量，還是從過程取向來衡量，都具有科學的品格。科學的品格：第一個品格是理論假設與實踐經驗相一致，第二個品格是用理論手段整理材料，第三個品格是其理論結構具有邏輯完備性和邏輯一致性，第四個品格是簡單性原則。

科學追求即借助一定的方法、程序和手段盡可能充分地使科學的品格在研究過程特別是研究結果中得到實現和體現，也是公共政策學的根本追求。

公共政策學的研究方法所依據的認識論是辯證唯物主義，這種認識論綜合併吸收其他認識論如經驗主義、理性主義、邏

輯經驗主義、後現代主義的合理成分，因此具有全面性。

公共政策學的研究方法所依據的認識論有五種：經驗主義、理性主義、邏輯經驗主義、後現代主義、辯證唯物主義。

經驗主義與理性主義是16世紀末至18世紀中期西方思想史上兩種主要的認識論。

邏輯經驗主義的認識論主要有三個特點：第一，經驗證實原則。它是邏輯經驗主義的根本原則，它規定知識必須來自經驗。第二，以邏輯分析來補充實證經驗。第三，科學方法體現出的科學觀。

後現代主義對公共政策學的影響主要在認識論、方法論和科學觀方面。

辯證唯物主義有兩個特點：第一，全面性，或者說由於它綜合了各種片面的認識中正確的方面，因此，它本身就最少片面性。第二，實踐性，或者說它在實踐的基礎上，實現了感性與理性、經驗與理論、個別與一般、整體與部分、真理的相對性與絕對性、歸納與演繹的統一。

何謂科學的研究方法

它是一個系統的步驟，是有組織的一系列的步驟，以確保學術研究具有最大的客觀性和一致性。

公共政策是社會的解決方案

從公共政策的發展與演進歷程來看，公共政策總是指向問題（Problem-oriented）的。美國在20世紀20年代末30年代初的經濟危機中實施政府對經濟和社會生活的積極干預，以解決當時因經濟危機帶來的社會問題，尤其是二戰結束後，大規模制定公共政策以解決戰後的社會問題成為一種普遍現象，而公共政策的研究也發端於政府的干預需要和民眾對政府政策效率進行監督的需要，其基本內容是研究公共問題的解決路徑與解決程度。如何在對問題進行科學分類的基礎上對紛繁複雜的公

共政策進行分類，並歸納出解決問題的邏輯，成為制定與評估公共政策的理論基礎。科學的分類能夠直達事物的本質，如同動物學分類學，綱目類別已經指明了動物的演化路徑及特徵。對社會現象分類，由於研究者身處其中，從而增加了進行客觀冷靜觀察的困難，因此，對社會現象的分類不易達其本質。公共政策作為一種由政府調節社會利益的工具，已經進入人們社會生活的主要領域，由於關涉個人的利益，使人更難以置身事外。科學的歸類有利於人們更好地理解公共政策，更為科學地制定和執行公共政策，當然也能為公共政策的效果評估提供一個更為便捷的入口。

政策分析的意義

政策分析（Policy Analysis）是對政策的調研、制定、分析、篩選、實施和評價的全過程進行研究的方法，又稱政策科學。政策分析的核心問題是對備選政策的效果、本質及其產生的原因進行分析。它是在運籌學和系統分析的基礎上發展起來的。運籌學和系統分析側重於對問題進行定量分析，政策分析則側重於對問題進行定性分析，從而發現新的政策方案和解決途徑。

政策分析起源於美國。1951年萊斯韋爾與勒恩納合作，在美國出版《政策科學》一書，為政策分析奠定了基礎，因此萊斯韋爾成為政策分析的奠基人。《政策科學》一書出版後，並未引起應有的重視。直到20世紀60年代末，由於各種複雜的社會問題不斷出現，暴露出系統分析方法的局限性，政策分析才開始受到重視。1969年萊斯韋爾組織領導了世界上第一個政策科學研究小組。20世紀60年代末到70年代初，美國蘭德公司的J.德熱主編了一套政策科學叢書，有人稱之為「政策科學三部曲」，即《重新審查公共政策的制定過程》（1968）、《政策科學探索》（1971）、《關於政策科學的設想》（1971）。20世紀70年代初，美國社會學家奎德主編的《政策科學》雜誌正式創刊，政策科學的奠基人萊斯韋爾也發表了新著《二十年之後》，對政

策分析做了深入的探討。1980年，美國社會學家S.尼格爾主編的《政策研究手冊》一書正式出版。1983年，尼格爾主編的《政策科學百科全書》正式出版，標誌著政策分析這一學科已漸趨成熟。20世紀80年代以來，美國蘭德公司開始培養政策分析博士研究生，社會上開始出現政策分析專家。1985年美國設立萊斯韋爾獎，授予對政策分析做出重要貢獻的學者。現在國際上已公開出版5種政策分析方面的雜誌，即《政策分析》《政策科學》《公共政策》《公共利益》《政策研究雜誌》。

政策分析是由運籌學和系統分析學逐步發展起來的。20世紀40年代初運籌學在解決雷達的最優配置等戰術問題上發揮了很好的作用，並逐步從軍事領域擴大到經濟、能源、交通、安全等社會問題。但單純依靠運籌學中最優化技術來解決社會問題並不理想，因為它只考慮本系統的優化，而沒有充分考慮對更大的系統的影響。20世紀50年代中期，導彈危機加速了涉及系統之間關係及非定量化問題的系統分析和系統工程的發展。成本—效益分析等系統分析方法將運籌學中的最優化技術與經濟分析和邏輯推理結合起來。20世紀50~60年代出現了系統分析的熱潮。系統分析要求對備選方案的最終結果進行預測，要求系統變量和系統模型有清晰的定量的表示，局部決策與總體決策目標一致，技術經濟分析標準一致，邏輯推理過程前後一致。但實際上在政策制定過程中很難達到上述要求，因為政策制定是各種有利害關係的組織、團體、個人和制定者本身的相互溝通和協調的過程，而不是嚴格按推理做出抉擇的結果。系統分析把最優抉擇作為分析過程的終點，政策分析則還要考慮政策制定與政策實施、篩選、評價等關係，涉及人類學和行為科學的一些觀點（如組織、文化、個人價值觀、社會心理等）以及類似的意識形態等問題。系統分析對備選方案的選擇準則是效益或效能指標，而政策方案的評價準則則要複雜得多。政策分析應用了系統分析的某些方法，但政策分析考慮問題的範圍要寬泛得多，定性分析涉及的面也要大得多。政策分析考慮

得比較全面，容易契合社會的實際情況。

政策分析的理論基礎涉及控制論、運籌學、系統分析、對策論、決策分析、行為科學、社會心理學、組織理論、權威理論、群體理論、結構功能理論、漸進理論和有限理性論等。其中漸進理論和有限理性論對政策分析起著重要作用。

漸進理論是由美國耶魯大學經濟學家林德布洛姆提出來的。他在《政策分析》等文章中指出政策制定程序是漸進的，政策在每一階段的變化也是漸進的，目的是為了減少衝突，保持政治系統的穩定性。有限理性論則來自美國諾貝爾獎獲得者 H. A. 西蒙的觀點。他從人的認識能力或信息處理能力有限出發，認為政策的制定和貫徹是不斷利用相關信息加以逐步改進的過程。用可行的手段去衡量和調整目標，只能獲得較滿意的政策效果。

政策分析重視比較研究，通過對不同地區、不同國家採取不同政策的結果進行分析，可尋找到政策分析規律，提高政策分析的有效性和普遍性，提出新的比較方法和理論。

第二節　美國的社會概況

美國社會屬於西方文化系統，在美國立國之前就已開始發展。它擁有自己獨特的社會文化特徵，如方言、音樂、藝術、社會習慣、美食、民俗等。今天的美利堅合眾國是一個民族和種族多元化的國家，整個歷史中都不斷有其他國家的人民移民美國。它的早期的主要影響來自英國和愛爾蘭的移民。由於英國的殖民政策和英語、法律體系和其他文化遺產的傳播，英國文化具有主導性的影響。其他重要的影響來自歐洲其他地區。

社會階層和職業

儘管大多數美國人現在認為他們是中產階級，但是美國社會和美國文化的分層更加細緻。社會階層通常為教育程度、收

入和職業聲望的結合，是美國最有影響的文化之一。在美國，幾乎所有的社會互動和消費者行為都表示了一個人在社會結構中所處的位置。

不同的生活方式、消費方式和價值觀與不同階層有關係。例如，早期社會學家和經濟學家凡伯倫注意到，在社會階層頂級的人都會涉及揮霍式休閒和炫耀性消費。中上階層的人群通常把教育程度和文化素質當成基本的價值觀。在這個社會階層的人通常發言更加直接以顯示其權威性、知識性和信譽度。他們經常會涉及所謂的大眾奢侈消費，比如品牌衣服。對於自然原料和有機食物的青睞和強烈的健康意識也是中上階層人群的顯著特徵。中產階級普遍重視拓寬個人視野，他們受教育程度較高，收入比較可觀，可以負擔較昂貴的休閒和旅行的開支。工人階級會因為他們所做的是「實際工作」而感到非常自豪，並且他們之間聯繫緊密來防範經常的經濟不穩定。許多美國工人在工廠裡幾乎享受不到一點自主權和創造的自由。所以，白領專業人士更滿意於他們現在的工作。

政治行為也受階層影響，比較富裕的人士會更加願意參與投票，教育程度和收入階層會影響一個人是投票給民主黨還是共和黨。收入同樣在很大程度上影響健康，收入比較高的人群會擁有更好的衛生保健設施，並且有較長的壽命、低嬰兒死亡率和較強的健康意識。

在美國，職業是劃分社會階層的主要因素，並且與一個人的身分緊密地相聯繫。在美國，一個人全職工作一週的平均時間為42.9小時，有30%的人工作一週超過40小時。這應該引起注意。在2006年的前兩季，美國人平均1小時賺16.64美元。總體來說，相比於同樣的發達後工業化國家，美國人的工作時間更長。相比於丹麥的工作人士平均一年享受30天的假期，美國人平均一年只有16天的假期。在2000年，美國人平均一年工作1,978個小時，比德國人的年均工時多500個小時，但是比捷克人年均工時少100個小時。總的來說，美國的勞動力是全世

界產量最高的（總數量，非每小時工作量），很大程度上正是因為相比於其他的後工業化國家（韓國除外），美國的工作人士工作時間更長。美國人普遍十分敬業，忙碌並高強度地工作也被認為是獲得他人尊重的方式。

運動

自19世紀末期起，棒球成為美國的國民運動；橄欖球、籃球和冰球是美國領先的三個職業團體運動。大學生橄欖球和籃球也吸引了大批觀眾。現在，橄欖球通過各種方式，成了美國最受歡迎的觀眾最多的體育運動。拳擊和賽馬曾經是觀眾最多的個人運動，但是現在高爾夫球和賽車遮蓋了它們的光芒，尤其是全美汽車協會比賽更是受到廣泛關注。足球雖然不是這個國家的最受人喜愛的職業運動，卻在年輕人和業餘愛好者中廣泛流行。網球和其他戶外運動也十分流行。

食物和衣服

漢堡包在美國是十分受歡迎的食物。由於美國廣大的大陸面積、相對龐大的人口（3億多）和移民帶來的大量影響，美國的食物非常多樣化。在家烹調的食物有很多類型，這取決於地區性和家族的文化遺傳。多數移民趨向於吃與自己在原國家吃的相似的食物和一些美國化的食物，比如中美融合食物和義大利與美國融合的食物到最後經常會出現，一個例子就是越南菜肴、韓國菜肴和泰國菜肴。德國菜肴對美國菜肴有很深遠的影響，尤其是中西部的食物，在兩種菜肴中有許多標誌性的原料，如土豆、麵條、烤肉、炖湯和蛋糕或點心。食物如漢堡包、炖肉、烤火腿和熱狗都是源於德國食物的美國化食物的例子。美國的不同地區都有自己的菜肴和烹飪方式。舉個例子，在路易斯安那州，法裔和克里奧爾式的烹飪十分著名。法裔和克里奧爾式的烹飪方式受法國人、阿卡迪亞人和海地人的烹飪方式影響，雖然他們自己的食物是原創的和獨特的。它通常包括蒸

小龍蝦、紅豆飯、海鮮或雞肉秋葵濃湯、什錦菜肴和香腸。受義大利、德國、匈牙利和中國影響，傳統的美國食物、加勒比海、墨西哥和希臘菜肴也在美國普通食物中傳播開來。這在美國中部的中產階級中十分受歡迎，比如，比薩店、家庭製作的比薩、墨西哥辣肉、紅辣椒雞、磨牛肉絲和德國式小香腸配泡菜都可以成為正餐。

「夏威夷襯衫」在夏威夷流行並在美國西部較為盛行。除了職業商務正裝之外，美國的服裝比較折中或者主要以非正式形式出現。美國各種各樣的文化淵源反應在其服裝方面，尤其是在最近的移民的服裝中，牛仔帽、靴子和摩托車手皮夾克都是明確的美國風格的標誌。在19世紀50年代，商人李維·史特勞斯——一個移民到舊金山的德籍猶太人推動了作為工作服的牛仔褲的流行，並且在一個世紀之後被很多美國青少年接受 。現在，在世界的每一塊大陸上，各種年齡和不同階層的人士都流行穿牛仔褲。與總的大眾非正式著裝一起，牛仔褲可以被認為是美國文化對全球時尚的最大貢獻。美國也同樣是許多領先品牌的發源地，如拉夫·勞倫和卡爾文克·萊恩。品牌如阿貝克隆比·費奇和紅犀牛則迎合各種縫隙（小眾）市場。

教育

美國的教育主要由政府提供，由三級政府管理和資助：聯邦政府、州政府和地方政府。美國人上學接受教育是強制的，並且初等（小學）和高等（中學）教育幾乎普及。

學生有權利選擇是在公立學校、私立學校還是家庭學校接受教育。在大多數公立和私立學校中，教育被分為三個等級：小學、初中和高中。在完成中學教育後，孩子們可以升入「學院」或「大學」。

2000年，從幼兒園到研究生院共有7,660萬學生入學。其中，70%的12~17歲的學生因為他們的年齡而被判斷為在學術「軌道」上（在年級水平或年級水平之上登記入學）。接受義務

教育的學生，有 520 萬（10.4%）人在私立學校上學。在成人中，超過 85% 的人完成了高中教育，27% 的人擁有一個學士學位或者更高學歷。

語言

在美國，主要的語言是美式英語。根據 2000 年美國人口普查的結果，超過 97% 的美國人可以說一口漂亮的英語，有 81% 的人在家時只說英語。有將近 3,000 萬以西班牙語為母語的人也居住在美國。除了英語，在美國有 300 種語言被當地人使用，其中一些被原住民使用（大約 150 種現存語言），其他一些由各種移民引入。美國手語主要被聾啞人使用，同樣也是本地語言。夏威夷語同樣也是美國的本國語言，它只在夏威夷州是當地語言。西班牙語是美國第二大通用語言，而且也是官方語言之一，並在美國廣泛使用。

在美國有三種主要的地方方言：東北部、北美內陸和美國中西部地方方言。中西部口音被認為是美國的「標準口音」，並與世界上說英語的其他地方的標準發音在許多方面相似，從原本的中部殖民地延伸到了橫跨中西部至太平洋沿岸各州。

宗教

歷史上，美國的宗教傳統一直被新（基督）教主導。現在，超過 3/4 的美國人認為新教徒（56%）在基督教徒中占據了稍微大一點的比例。天主教（27%）是最大的一種基督教派，因為新教分屬於不同的教派。在美國還有其他宗教存在，比如猶太教、印度教、伊斯蘭教、佛教等。大約 16% 的美國公民是無神論者、不可知論者或無宗教信仰者。

住房

第二次世界大戰結束之後不久，美國人住在郊區的人數開始上升，城市周圍的人口密度比農村地區高，但是比城市中心

地區低很多。這種遷移由很多因素促成，比如汽車擁有量的增長、大片土地的可用性、更多更長的公路、城市中心暴力事件漸增和郊區住宅廉價等。這些新住宅一般是一層或兩層高，且數量眾多，基本上是由一個開發商開發的。由此帶來的低密度開發被冠上「城市擴張」的標籤。但是，這個現象正在變化，「白人逃亡」正在被逆轉，許多雅皮士、中上階層人士和「嬰兒潮」時代出生的空巢人群回到城市中生活，通常住在託管公寓中，比如紐約下東區和芝加哥南環。接近國家中等價位的城市住房也一直在失去中等收入人群。在這裡，比較富裕的人經常被認為是專業人士或者中上階層的中產階級，而他們會去搜尋郊區裡更大的住房。這個趨勢的形成很大原因源自所謂的「中產階級壓力」，這使統計學上的中產階級和更有權力的中產階級產生了明顯的區別。但是在很多地價更貴的地區，比如加利福尼亞州，另外一種趨勢出現，即更加富裕的中產階級代替本來的真正社會中產和經過轉換的前社會中產流入了中上階層的居民區。

由於更多的人因工作和娛樂遷移到城市，農村地區的人口一直在下降。20世紀40年代，「農場大逃離」就開始了，最近幾年只有不到2%的人真正居住在農場，而其他人住在鄉村工作在城市，上下班往返。

大約有一半的美國人現在居住在人們所說的「郊區」。郊區的基本家庭結構現在被認為是「美國夢」的一部分：一對正式結婚的夫婦帶著孩子們在郊區擁有一套房子。這個原型被大眾傳媒、宗教活動和政府政策強化，並且它建立在盎格魯—撒克森文化基礎之上。

城市居民更加傾向於搭乘大眾交通，孩子們則走路或者騎自行車上學，而不是由家長開車接送。

兩性關係

情侶通常通過宗教組織、工作、學校或朋友聚會而相識。

「約會服務」是一種設計來幫助人們尋找另一半的服務，無論在網上還是網下都很流行。在過去的幾十年裡，越來越多的人傾向於在婚前同居或者以同居替代結婚。2000年的美國人口調查報告顯示有970萬異性伴侶同居，並且大約有130萬同性伴侶同居。這些同居方式之前並沒有成為法律管制的重點，但是現在許多州都有同志伴侶章程和判例，同居津貼規定為未結婚的情侶提供資助。

　　青少年性行為十分普遍，大多數美國人在十幾歲時開始有性關係。現在的數據顯示，美國人到了18歲，就有超過一半多一點的女性和幾乎2/3的男性已經發生過性行為。超過一半的青少年有性伴侶。危險的性行為在青少年之間蔓延，涉及「任何有關於性交」的行為。在美國，青少年懷孕的概率在1999—2000年下降了28%，從每1,000人117人懷孕減少到每1,000人84人懷孕。

結婚與離婚

　　婚姻法由各州獨立制定。同性結婚現在在馬薩諸塞州、艾奧瓦州、佛蒙特州、緬因州、新罕布希爾州合法，並且康涅狄克州、新澤西州、加利福尼亞州、俄勒岡州、華盛頓特區、華盛頓州和內華達州允許同性伴侶在民事聯姻和同居關係之下獲得大多數州級的結婚津貼。夏威夷州、馬里蘭州和科羅拉多州給同居伴侶提供一些津貼。在很多州，跨越州獲得在本州非法的婚姻關係是違法的。典型的宗教婚禮是：一對情侶在他們的親屬和朋友面前，互相對對方宣誓承諾，通常由一個宗教人士主持，比如牧師、神父或者拉比，這取決於這對情侶的信仰。在傳統的基督教儀式上，新娘的父親要把新娘的手交給新郎。世俗的婚禮普遍由法官、治安法官或其他市政府官員主持。

　　離婚屬於州政府管理，所以各州離婚法有所不同。在20世紀70年代之前，離婚配偶需要證明另一方配偶有罪責或者罪惡，比如拋棄或者通姦。如果夫妻只是簡單的相處不來，律師

們會被迫製造出「無可爭議」的離婚案。無錯誤離婚革命在1969年的加利福尼亞州開始，南達科他州是最後一個允許無錯誤離婚的州。在1985年，在「不可和解的差異」之上的無錯誤離婚在所有州可執行。但是，許多州最近要求在正式離婚之前有一個分居期。當孩子受到影響時，州的法律對孩子提供支持，有時提供贍養費。現在的成人離婚率是20年之前的2.5倍，是50年之前的4倍，40%～60%的首次結婚會最終以離婚收場。在第一個五年之內的可能性是20%，在第一個十年之內的可能性是33%，當孩子到16歲時，可能有25%會與繼父或繼母居住在同一屋簷下。美國今天的婚姻長度平均為11年，有90%的人會在庭外和解離婚。

性別角色

自1970年以來，傳統的男性和女性角色日益被法律和社會否定。在今天，很多職務不會因為一個人的性別而受到限制。軍隊是一個明顯的例外，因為女性在法律上不會被要求上前線作戰。

如今，大多數社會角色已沒有性別限制，但某些角色還有一些約束。越來越多的女性進入工作場所，在2000年，46.6%的勞動力來自女性，比1900年的18.3%大大上升。但是，大多數男性並沒有接受傳統的家庭主婦角色，同樣的，很少男性會做傳統的女性工作，比如接待員或者護士。反而是在美國內戰之前，護士是一個傳統的男性角色。

死亡儀式

在美國，因所愛的人逝去而在殯儀館守夜是一個習俗。如果有現場吊唁，死者的屍體會經防腐處理，並且會被穿上得體的衣服。傳統的猶太人和穆斯林的儀式包括沐浴和屍體防腐。朋友、親人和熟人都會從不同的地區趕來，對死者表達最後的敬意。棺材旁擺滿鮮花，有時會致悼詞、唱挽歌、敘述死者生前軼事或者舉行集體祈禱會。另外，參與者會坐著、站著或者

跪著靜靜地默哀或者祈禱。親吻死者的前額在義大利裔美國人中十分典型。通常都會向死者遺孀或鰥夫或者其他親人致意表示哀悼。

葬禮通常會在死者故去後立刻舉行或第二天舉行。葬禮儀式根據宗教和文化不同而有不同的變化。美國天主教舉行葬禮儀式的代表性地點是教堂，有時會採取追思彌撒的形式。猶太裔美國人通常在猶太教會堂或者廟宇舉行儀式。護棺者會把已故者的棺材搬到靈車上，然後列隊將其送到最終長眠之處，通常是墓地。獨特的新奧爾良人的爵士葬禮遊行中會有很多快樂的喧鬧的音樂。奧本山公墓（建立在1831年）以美國第一個花園墓地著名。美國墓地的設計因它們的花園化而出名。排排墓穴會被草地覆蓋，並散布在樹和花叢之間。墓碑、陵墓、雕像或簡單的瓷板是個人墓穴的典型標誌。火葬在美國是另外一種普遍的習慣，儘管很多宗教都對此嗤之以鼻。已故之人的骨灰會被裝在骨灰甕之中，可能會放到私人住宅裡或者被埋葬。有時骨灰會被撒到空中、海裡。揚撒骨灰是非正規儀式的一個環節，在自然景區（懸崖、湖泊或者山頂）舉行多被死者青睞。

殯儀業在美國已經發展起來，替代了之前更正式的傳統儀式。在殯儀館流行之前，守喪會通常在普通的私人住宅裡進行。

家庭結構

在20世紀中一段相當短的時期之內，大多數的美國家庭堅持核心家庭的概念（一對正式結婚的伴侶與一個親生的孩子），現在單親家庭、無子女伴侶和混合家庭則組成了美國家庭的絕大多數。

另外一個變化是，年輕人離開父母（家庭）獨立生活的年齡在不斷上升。傳統上，一個人超過進大學年齡還與父母住在一起會被否定地看待，但是現在孩子到了25歲仍與父母住在一起已不是罕見的情況。這個趨勢主要應歸因於不斷上升的生活費用早已超越過去幾十年的水平。所以，許多年輕人現在超過

25 歲還與父母保持很好的聯繫。這個話題在 2005 年登上了《時代》雜誌的封面。

在 25 歲之前離家獨立生活的習俗會是義大利裔和西班牙裔美國人的例外，而且在昂貴的城市房地產市場，比如紐約、加利福尼亞和火奴魯魯，在外租房的月租金通常會超過 1,000 美元。

單親家庭是指有一個成年人（多數是女性）和一個或多個小孩的家庭。在單親家庭，一個家長通常會在另一半的幫助或者無幫助的情況下獨力撫養孩子。這個家長是家庭唯一的養家糊口的人，所以這些家庭的經濟特別脆弱。他們的貧困度更高，而且這些家庭的孩子們會有更多教育方面的問題。

區域差異

美國不同地區的文化差異體現在新英格蘭、中大西洋各州、美國南部、美國中西部、美國西南部、美國西部和西北太平洋地區的歷史。美國大陸的西岸由加利福尼亞和俄勒岡州組成，華盛頓州有時也被包括在西海岸，因為它有「左傾」的政治傾向和自由主義規範、社會習俗和價值觀。

在美國，巨大的地區文化差異有一段很長的歷史，內戰前的南方奴隸社會是一個最好的例證。在北方和南方地區，不止社會文化方面，經濟關係也十分緊張，以至於最終南方地區宣布獨立，從而引發了美國內戰。區域差異的一個例子是對待性的態度。通常在美國東北部地區，對性討論的限制較少，但是在美國南部地區被看成是一個禁忌。在 1989 年由大衛・哈克特・費舍爾撰寫的 *Albion's Seed* 裡面，他對美國由四種截然不同的區域文化組成的理論提出了強有力的證據。這本書的焦點是：4 組不列顛群島的人在 17 世紀到 18 世紀之間從英國和愛爾蘭移民到美國。這些族群的文化和習俗是持續的，儘管隨著時間流逝而有一些改變。這為美國現在的四種現代地域文化奠定了基礎。

第三節　系統的理論模型

系統的理論模型如下圖所示：

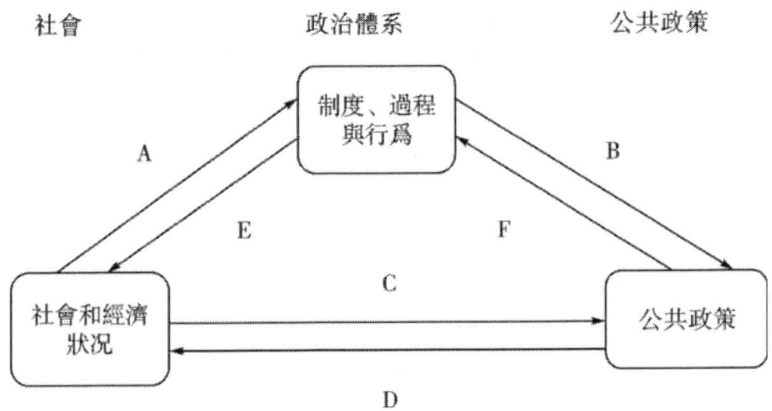

箭頭A：社會和經濟狀況對政治和政府制度、過程和行為有什麼影響？
箭頭B：政治和政府制度、過程和行為對制定公共政策有什麼影響？
箭頭C：社會和經濟狀況對制定公共政策有什麼影響？
箭頭D：公共政策對社會和經濟狀況有什麼作用（反作用）？
箭頭E：政治和政府制度、過程和行為對社會和經濟狀況有什麼作用（反作用）？
箭頭F：公共政策對政治和政府的制度、過程和行為有什麼作用（反作用）？

當我們研究公共政策形成的原因時，公共政策就變成因變量，而影響公共政策的各種政治、社會、經濟及文化因素等則成為自變量（系統的理論模型C所指的關係）。例如：
・公眾種族態度的改變會對民權政策產生什麼影響？
・經濟不景氣對政府支出有什麼影響？
・老齡化社會的到來對社會保障和醫療衛生項目有什麼影響？

當我們分析公共政策的結果時，公共政策就變成了自變量，

政策對社會產生的政治、社會、經濟和文化影響則是因變量（系統的理論模型 D 所指的關係）。例如：
- 伊拉克戰爭對共和黨在國會中的地位將產生什麼影響？
- 改變移民政策對總統的聲望有什麼影響？

內容回顧：

本章作為理論基礎章節，是學習本門課程不可缺少的部分。本章主要介紹社會學和公共政策學的定義及其區分，說明公共政策是社會問題的解決方案，從政策分析中能學到的基本的概念和知識。從社會階層和職業、運動、教育、宗教等各個方面介紹美國社會概況，並簡要概述了研究公共政策所需要的系統的理論模型。

學習本章，應重點掌握下列幾個知識點：社會學、公共政策學、公共政策是社會的解決方案、各個層面的社會概況、從政策分析中能學到什麼。

復習思考題：

一、選擇題

1. 下列（　　）項不屬於政策分析。
    A. 描述政策　　　　　　B. 調查原因
    C. 探究結果　　　　　　D. 提出政策建議
2. 下列（　　）條是托馬斯·R. 戴伊對公共政策的看法。
    A. 公共政策是由政治家即具有立法權的人制定而由行政人員執行的法律和法規
    B. 公共政策是政府對整個社會的價值所做的權威性的分配
    C. 公共政策就是政府選擇要做或者不要做的事情
    D. 公共政策就是政府為解決各種各樣的問題所做出的決定

3. 自19世紀末期起，下列（　　）種運動成為美國的國民運動。
　　A. 橄欖球　　　　　　B. 籃球
　　C. 冰球　　　　　　　D. 棒球
4. 在美國的第二大通用語言是（　　）。
　　A. 英語　　　　　　　B. 西班牙語
　　C. 夏威夷語　　　　　D. 法語
5. 下列（　　）項是系統的理論模型中箭頭 C 所指的關係。
　　A. 社會和經濟狀況對政治和政府制度、過程和行為有什麼影響
　　B. 社會和經濟狀況對制定公共政策有什麼影響
　　C. 公共政策對社會和經濟狀況有什麼作用（反作用）
　　D. 公共政策對政治和政府的制度、過程和行為有什麼作用（反作用）

答案：1. D　2. C　3. D　4. B　5. B

二、思考題

1. 談談你對美國社會的看法。
2. 談談系統的理論模型中社會、政治體系和公共政策相互之間的關係及作用。

第二章
美國的政治體制與政策模型

第一節　美國的政治體制

三權分立制度的建立

　　美國的三權分立制度是 1787 年聯邦憲法的一項重要內容，是美國政治思想體系的重要組成部分。所謂三權分立，是指把國家權力分為立法權、行政權與司法權，三權分工、相互獨立、相互制衡（如右圖所示）。孟德斯鳩在其著作《論法的精神》裡，主張必須建立三權分立政體，按照立法、行政、司法三權分立的原則組建國家，以防止權力被濫用而形成專制獨裁。這一思想在美國制憲者的努力下，成為 1787 年聯邦憲法的內容之一。

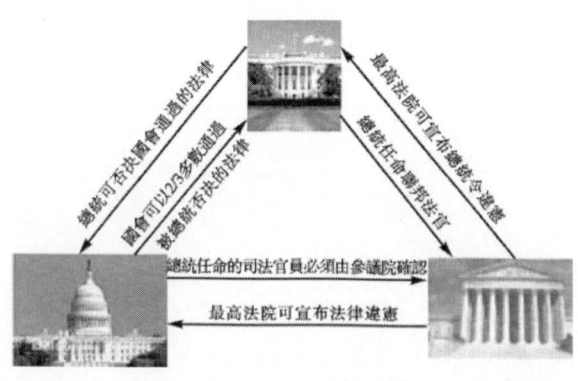

三權分立，相互制衡

三權分立制度的歷史發展

1789 年 3 月 4 日，美國第一屆國會宣布《美利堅合眾國憲法》正式生效，隨即根據這部憲法所確立的三權分立原則，在美國聯邦政府中建立起立法機構、行政機構和司法機構。自從這種「三權分立」「相互制衡」的政府組織形式在當年被固定下來以後，沿用至今。200 多年來，儘管這部憲法所確立的分權制度和分權原則只字未改，然而這三個政府部門的權力範圍和它們之間的關係實際上已有了很大的變化。

三權分立的優勢

從三權分立的目的來看，無論是對於該理論的創始人還是運用該理論的國家來講，三權分立就是為了制約當權者，防止權力被濫用，防止某一國家機關或者個人的獨裁和專制，從而保證國家政治上的穩定。孟德斯鳩認為：「一切有權力的人都容易濫用權力，這是一條萬古不易的經驗。」「如果由同一個人或者是由重要人物、貴族或平民組成的同一個機關行使這三種權力，即制定法律權、執行公共決議權和制裁私人犯罪或爭訟權，則一切便都完了。」而制約當權者

孟德斯鳩

的終極目的是保障人民的權利。

從三權分立的內容來看，在英國資產階級與封建貴族分享政權的事實已成為歷史以後，按分權理論建立的資本主義國家機關，都根據國家權力的表現形式將其分為立法、行政、司法機關，這三種國家機關分別行使不同的國家權力，並存在相互制約關係。在資本主義國家裡，資產階級掌握國家政權，行使國家權力，很難說這三種權力是分立的，就連代表的代議機關實際上也是有產者的論壇和表決器。但是現代資本主義國家的三權分立仍然是資產階級維護其整體利益，保證國家權力有效、正常運行的主要模式。

從三權分立的功能來看，在國家生活中，它大體發揮了以下幾種功能：

（1）區分功能。現代美國憲法學家柯爾文曾把三權分立總結為四個要點：①政府有立法、行政、司法三種固有的獨特的職能；②這些獨特的職能應由三個分別配備人員的政府部門各自行使；③三個部門在憲法上應該是平等的、互相獨立的；④立法部門不能把權力委託給他人。此種說明為許多學者所接受，特別是在美國，這個說明具有一定的權威性。大多數國家在實踐上都有立法、行政、司法三種國家機關的設置，使得國家職能得到合理的區分和實現，這的確是有目共睹的。

（2）平衡功能。國家權力在區分的前提下，根據其職能配置不同的權力機制，使得它們中的任何一個部門的權力都是有限的，不致使某一部門因權力過大而導致權力運行失衡。

（3）制約功能。立法、行政、司法職能的差異，機構的分離，職權的割分，相互間權力運行的牽制，使得三種權力能夠做到有效的相互制約。

（4）補救功能。當三種機關中的某一機關在行使權力不當招致社會不滿時，其他的機關可以行使相應權力，挽回影響和損失，從而維護國家的整體利益。

對三權分立制度的審視

三權分立原則是伴隨著資產階級限制君權的要求而確立的，經幾百年的發展已日臻完善。它通過權力之間的平衡和制約，使執政黨和政府處於監控之下，從而實現對各項權力的有效控制和監督，在一定程度上杜絕了權力的濫用和異化，起到了預防腐敗的作用。西方的三權分立原則是西方一些國家政治制度的重要組成部分，是維繫國家機器正常運轉的必不可少的工具。而行政是國家意志的執行，監督就是行政之外的一種權力制衡。

「三權分立」是西方民主制度的主要特色，但它們在各個國家的具體表現形式是不一樣的。從各國政治制度的具體形式來看，西方民主制度可以根據不同的標準分為很多種情況。

選舉美國總統

在美國的大選中，總統並不直接由選民選出，而是先由選民選出選舉人團，再由選舉人團選出總統。各州選舉人的名額等於該州參議員和眾議員人數之和。由於美國各州都有兩名參議員和至少一名眾議員，因此，每個州至少有三名選舉人。人口多的州眾議員人數更多，因而選舉人名額也多。例如加利福尼亞州 54 人、佛羅里達州 25 人。同時，按照成文的規定和不成文的慣例，如果一位總統候選人在某個州獲得大多數選民的支持， 該州推出的選舉人便需全部投票給這位候選人 。最後由獲得全國半數以上選舉人票的候選人當選總統。這就是美國特有的總統選舉制度。

這種奇特的大選制度的形成，有很多歷史的原因，但設計這套制度的一個很重要的考慮，就是要保護小州的利益，使小州選民的意見得以充分地表達。如果以候選人在全國所得總票數來決定總統，像羅德島和阿拉斯加這樣的人口小州，在大選中的分量就會變得非常輕，而按照現在的制度，這些小州可以獲得三張選舉人票，從而增大了他們的影響力。

正是因為這樣，在美國的制度設計中，很重視保護小州的利益。有許多聯邦事務，是由各州平等投票決定的，小州和大州擁有平等的發言權。例如在參議院中，各個州不管大州還是小州都有兩名代表。總統大選的「選舉人制度」，也是為此而設立的。

民主制度有兩個重要的原則：一個是尊重多數原則，另一個是保護少數原則。這兩個原則具有同等重要的意義。前者是很多人都理解的，後者卻很容易被一些人忽視 。在美國的政治制度中，這兩個原則至少在理論上都得到了比較充分的貫徹。美國的眾、參兩院的組成結構，就是這兩個原則的體現。體現在總統大選上，就是現在的「選舉人制度」。

美國總統選舉每四年舉行一次。總統選舉的程序分為預選、黨的全國代表大會、總統候選人競選、全國選民投票選出總統

「選舉人」、「選舉人」成立選舉人團正式選舉總統6個階段，整個程序需耗費近一年的時間。預選是美國總統選舉的第一階段，被視為美國大選的前奏。該階段通常於大選年的2月開始，至6月結束。預選結束後，民主、共和兩大政黨將分別召開全國代表大會。會議的主要任務是最終確定本黨總統、副總統候選人，並討論通過總統競選綱領。全國代表大會召開以後，兩黨就正式擺開了對抗性的競選陣勢。此後競選費用的使用就要被全部納入聯邦選舉委員會的監督。正式總統候選人在全國各地穿梭演講，助選的人則暗暗使勁，在各種媒體和場合為其加油鼓勁，搖旗吶喊。最後，11月的第一個星期一過了以後，第二天（星期二）便是全國大選日。各地民眾到當地的投票站，為選總統也為地方上和自己直接或間接有關的事務投下自己的莊嚴的一票。直至當選總統於次年1月20日在總統就職典禮上宣誓就職，總統選舉過程才最終結束。

　　2008年美國總統候選人花費了10億美元搞競選，對於窮人來說這是玩不起的游戲。美國總統選舉制度，不僅是世界上最昂貴的，也是最複雜的。有人說這套精心設計的複雜選舉制度維持了美國民主制度的穩定。為什麼要這麼複雜呢？美國選舉制度的設計者們最重要的考慮就是避免民眾的直接選舉，但又要做出選舉的樣子。美國是一個資本主義國家，但有錢的畢竟是少數人，如果讓數量占多數的平民直接選舉，最後很可能變成富人被淘汰，大眾政治代表登上政治舞臺，有錢有勢的群體也就很可能失去在政治鬥爭中的發言權。

　　總統選舉投票結束不久，通常就有民意調查機構或媒體在投票站出口對投票者進行調查，大多數民意調查與最終選舉結果吻合。出口民意調查以其時效和準確度獲得了各大媒體的青睞。民意調查機構派出的訪問員將出現在全美1,300多個投票站前，調查取樣選民將超過10萬人。為避免偏見，訪問員根據投票站人數多少，選擇從每5個選民或每10個選民中挑選一人詢問。訪問員將記錄下他們的年齡、種族、性別和其他特徵，以供專家分析他們的投票意向。

美國聯邦主義

聯邦主義是一種一組成員聯合在一起並有一個最高級治理機構的政治哲學，是國家政府與地區政府分享憲政上的主權以及擁有不同事項的管轄權的政治體系。

聯邦主義（Federalism）既是一種觀念又是一種制度。作為觀念形態的聯邦主義主張建立統一的國家，強調一定程度的權力集中，實際上是一種特殊形態的民族主義，其目的是建立統一的民族國家。作為國家政治組織形式的聯邦主義制度是指政治上介於中央集權和松散的邦聯之間的一種制度。在聯邦制度下，原先的內政、外交上自主的各邦被融合在統一的聯邦國家中。

美國、加拿大、澳大利亞、印度、德國和瑞士都被認為是聯邦制政體，而英國、法國、義大利和瑞典則不是聯邦制國家。

在美國，共有87,000多個獨立的各級政府機構，其中超過60,000個政府機構有自己獨立的徵稅權。美國有州、縣、自治市（鎮、區、鄉）、學區和特別行政區等政府機構。然而，只有聯邦政府和州政府是憲法確認的；所有的地方政府都是州政府的下級分支機構，州政府有權通過修改州的憲法和法律來設立、變更或撤銷這些地方政府。

第二節　美國的政府概況

美國有超過87,000個政府機構。

為什麼要設立州政府和地方政府？為什麼不實行中央集權的政體，通過全國的選舉使單一的政府對大多數人負責？因為聯邦主義有如下優點：

美國國家的創立者懂得「共和政體的原則」本身——定期選舉、代議制政府、政治平等，並不能充分保護個人的自由權利。這些原則可能會使統治精英對大眾關心的問題更有回應性，

但是不能夠保護少數人或個體以及「弱勢群體或易受傷害的個人」的自由和財產不受政府的剝奪。

處於立憲時代的美國，被夾在「又大又冷」的加拿大和「又大又窮」的墨西哥之間，沒有近在咫尺的外患，忙於革命的西歐則遠隔重洋，不存在對自己覬覦已久的大敵，因此在建設憲政國家的過程中，其受到的外界阻力並不大，如果和法、德等後發憲政國家相比，所受阻力更是相當微小。處於一個新生大陸上的美國完全可以輕裝上陣，建設一個「自由發展的市民社會」。這樣，經過一段時間的孕育，這一觀念終於被載入《權利法案》。在《聯邦憲法的第十修正案》中規定：沒有授予聯邦的權力一律歸各州和人民所有。聯邦的權力成為授予而非限制的權力，各州的權力則是限制而並非授予的權力。這樣，聯邦的權力在未被授予時被假定為無效，而各州的權力則要受到聯邦和州憲法的限制，在不能確定公權力邊界時，美國人審慎地選擇了最大化公民權。這樣既防止了政府施行暴政的可能，又為隨後的制度創新創造了條件。

聯邦主義的理論範式是一種處理國家間關係、國家內中央政府與地方政府之間關係的重要政治理念與原則，它主要體現為政治聯邦主義與財政聯邦主義。其中，政治聯邦主義又體現為英國的社會聯邦主義、德國的行政聯邦主義、美國的憲政聯邦主義和蘇聯的民族聯邦主義。

美國聯邦主義主題的變化：
（1）以州為中心的聯邦主義；
（2）雙重性的聯邦主義；
（3）合作關係的聯邦主義；
（4）中央集權的聯邦主義；
（5）新型聯邦主義；
（6）強制性聯邦主義；
（7）代議制的聯邦主義；
（8）聯邦的優先權；
（9）聯邦委託管理；

(10)「沒有經費」的聯邦委託。

《美國憲法》的起草者們在確立美國聯邦制度的框架時，就已設計出構成整個美國政治發展結構的計劃，這個計劃現在已被其他國家廣泛模仿。但當時一切都只是設想，他們尚不清楚新制度將向何處發展，也沒有先例可循，他們只好去創新。怎樣才能創造出一個將由 13 個獨立的、各自為政的州組成的真正的國家，而又避免相互產生恐懼和猜忌呢？聯邦主義就是他們的答案。

第三節　美國的政策模型

用於政策分析的模型

模型是對現實世界某個方面進行簡化表現的形式。政策研究模型可運用於簡化並澄清我們對政治和公共政策的思考；識別政策問題的重要方面；通過關注政治生活的主要特徵，促進我們相互之間的溝通；指導我們更好地理解公共政策，鑑別重要與不重要的方面；解釋公共政策並預測其結果。這些模型有：

(1) 制度主義模型；
(2) 過程模型；
(3) 理性主義模型；
(4) 漸進主義模型；
(5) 團體理論模型；
(6) 精英模型；
(7) 公共選擇模型；
(8) 博弈論模型。

上述每個術語都是一種概念模型，這些模型在政治學中都能找到，每個模型都提供了獨特的思考公共政策的視角，解釋公共政策出抬的原因和所導致的結果。

制度主義模型：政策是制度的輸出。政府制度賦予公共政

策三個顯著的特徵：①公共政策的合法性。政府制定的政策被認為是法律義務，公民必須服從。人們認為公司、教會、行業組織、公民團體及社會中其他組織的政策非常重要，甚至具有約束力。但是只有政府的政策是法定義務。②公共政策的普遍性。只有政府的政策才能影響到社會中的所有人，而其他團體或組織的政策僅僅涉及社會中的一部分人。③公共政策的強制性。政府壟斷了社會的強制力。

過程模型：政策是政治活動。過程模型對於公共政策制定過程中的活動是有幫助的。政策制定過程包括：議程設定；政策形成；政策合法化；政策執行；政策評估。

理性主義模型：政策的目標是社會效益最大化。有兩個重要原則可以保證政策的社會效益最大化：①任何成本超過收益的政策，都不應該被採納。②在所有可供選擇的政策中，決策者應該選擇收益超過成本最多的政策方案。

漸進主義模型：政策是過去政策的補充和修正。漸進主義把公共政策視為政府過去行為（活動）的延續，其中伴隨著漸進的調整與修正。政府採用漸進主義的做法，是因為：①政府沒有足夠的時間、信息和金錢來調查能夠替代現行政策的政策方案。②決策者承認以往的政策的合法性，而全新的或完全不同的政策的結果存在著不確定性。③更改現行的政策項目可能需要巨大的投入，這也阻礙政策的變革。④漸進主義也是政治上的權宜之計。在對社會目標或價值達成共識之前，多元化的社會的政府會延續現行的政策，而不會為了實現特定的社會目標而徹底推翻現行政策。

團體理論模型：政策是團體利益的平衡。團體理論即團體之間的互動是政治的基本事實。具有共同利益的個體，會以正式或非正式的形式聯合起來向政府提出要求。政治體系包括確立團體鬥爭的遊戲規則；制定折中的策略，平衡各方利益；以公共政策的方式制定妥協的方法；推動政策的實施。

精英模型：政策是精英的價值偏好的體現。社會被分為掌握權力的少數人（精英）和沒有權力的多數人；這些居於統治

地位的精英並不是處於被統治地位的大眾的代表；從被統治的非精英階層上升到處於統治地位的精英階層的過程是緩慢的、持續的，從而確保社會穩定並避免革命的發生；精英階層對社會制度的基本價值觀以及如何維護這一社會制度的發展會達成共識；公共政策並不反應大眾的需求，而只反應精英們的主導價值觀；精英對待政策的態度是積極的，而大眾則是冷漠和麻木的。

公共選擇模型：政策是自利的個人的群體選擇。不論是在政治中還是在市場中，人們都是追求自我利益的。但即使都出於自利的動機，他們也能夠通過集體決策來實現共同利益。

經濟人：理論假設自利的個體追求個人經濟利益的最大化。

政治人：理論假設具有公益精神的個體追求社會福利的最大化。

博弈論模型：政策是競爭狀態下的理性選擇。博弈論模型是對特定情境中理性選擇的研究，即兩個或兩個以上的理性參與者進行選擇，而且自己選擇的結果還取決於其他人所做出的選擇。

內容回顧：

本章概述美國的政治體制及其政府概況，系統地提出用於政策分析的模型，主要包括制度主義模型、過程模型、理性主義模型、漸進主義模型、團體理論模型、精英理論模型、公共選擇理論模型、博弈理論模型。這八個政策模型對於描述和解釋公共政策具有重要作用。

學習本章，應重點掌握下列幾個知識點：三權分立制度、美國總統選舉、美國聯邦主義、八個政策模型的相關釋義。

復習思考題:

一、選擇題

1. 在政策研究中運用的模型是（　　）。
    A. 流程模型　　　　　B. 概念性模型
    C. 簡化模型　　　　　D. 實體模型

2. 任何成本超過收益的政策，都不應該被採納。在所有可供選擇的政策中，決策者應該選擇那個收益超過成本最多的政策方案。它屬於（　　）。
    A. 制度主義：政策是制度的輸出
    B. 理性主義：政策是社會效益的最大化
    C. 漸進主義：政策是過去政策的補充和修正
    D. 團體理論：政策是團體利益的平衡

3. 下列（　　）項不屬於政府制度賦予公共政策的特徵。
    A. 公共政策的合法性
    B. 公共政策的普遍性
    C. 公共政策的強制性
    D. 公共政策的服從性

4. 政策制定是保守的，它以現行的項目、政策和支出為基礎，只是把注意力集中於新的項目和政策對現行項目與政策的增加、減少或修正。它屬於（　　）。
    A. 過程模型：政策是政治活動
    B. 精英理論：政策是精英的價值偏好
    C. 漸進主義：政策是過去政策的補充和修正
    D. 公共選擇理論：政策是自利個人的群體選擇

5. 美國總統選舉預選結束後，民主黨、共和黨兩黨將分別召開全國代表大會，會議的主要任務不包括下列（　　）項。
    A. 最終確定本黨總統候選人
    B. 最終確定本黨副總統候選人
    C. 討論通過總統競選綱領

D. 投票選出總統「選舉人」
D. 博弈理論：政策是競爭狀態下的理性選擇

答案： 1. B　　2. B　　3. D　　4. C　　5. D

二、思考題
1. 列舉政策概念模型。
2. 簡要闡述美國總統競選流程。

第三章
美國的刑事司法

第一節　美國的刑事問題

　　犯罪是任何社會都會面臨的一個重大問題。與犯罪做鬥爭的理性策略主要是威懾。威懾的目標是，使犯罪行為的成本遠遠大於潛在的犯罪分子試圖從其行為中得到的任何收益。由於對這些高額成本的預先認知，具有理性的個體將受到威懾而不敢實施犯罪行為。總之，犯罪是美國社會的一個主要問題。在保護個人自由與保證人民安全的願望之間存在著衝突。

　　在美國，州政府和地方政府承擔執行法律的主要職責。聯邦政府的主要執法機構——聯邦調查局和司法部的禁毒署/藥品強制管理局（Drug Enforcement Administration，簡稱 DEA）以及財政部的菸酒槍支管理局（Bureau of Alcohol, Tobacco, and Firearms，簡稱 ATF）負責執行聯邦政府的法律。雖然聯邦政府在執行法律中的作用越來越大，但州政府和地方政府仍然承擔著維護治安、司法體系、監禁和假釋的主要責任。

　　警察在社會中至少履行三方面的職能：執行法律、維護秩序、提供服務。實際上，執行法律的職能只占了警察日常活動的一小部分。警察與其說是執行法律的角色，還不如說是維護秩序的主要力量。他們行使逮捕權的概率比法律規定的小。與

逮捕嫌疑人相比，警察更傾向於首先恢復秩序。他們的大多數活動是「反應性的」，另一個策略則是「主動出擊」。但是這種「社區安保」的成本是高昂的。

在美國，犯罪的頻率受到理性的刑事司法政策的影響：當威懾無效時，犯罪就發生得更加頻繁；而當實施更加嚴厲的威懾政策時，犯罪率就會下降。

懲罰缺少確定性：對嚴重違法行為必然受到懲罰的可靠估算表明，只有很少的罪犯會被判處監禁。每年大約有1,200萬件嚴重犯罪案件報警，但實際只有170萬人被逮捕。因此，即使懲罰能夠制止犯罪，目前的刑事司法體制也不能確保對所有犯罪的懲罰。

懲罰缺少及時性：保釋制度以及審判的推遲，使得刑事被告人因長期、無限的拖延而逃脫了對他們的行為承擔責任。而且，法院系統的工作效率極低，而這種拖延對刑事被告人卻是有利的。所以，刑罰的低效率破壞了威懾的效果，因此，犯罪便更加頻繁。

懲罰嚴厲性的問題：司法政策的變革引起的結果是，極大地增加了暴力犯罪的服刑時間。這類犯罪的平均服刑時間自1990年以來增加了一倍，服刑判決的比例也從低於50%提高到了80%以上，效果顯著。

懲治犯罪的理性政策是：力求使犯罪的成本遠遠超過犯罪行為帶來的收益，並且理論上能夠威懾潛在的犯罪分子。有效的威懾政策對犯罪的懲罰必須是確定的、及時的、嚴厲的。確定性和及時性對於威懾效果來說，可能比懲罰的嚴厲性更為重要。

對青少年群體不適合採用威懾的措施。孩子們對他們自己的行為無法承擔個人責任，因為他們還不具備理解自身行為的性質、後果以及判斷是非的能力。其中13%被控有暴力犯罪的青少年被移送到成年人法院；16%被送到了青少年拘留中心；其餘71%中，有的被釋放，有的被留下查看，有的給予緩刑，還

有的被送回家由其父母監護。

聯邦政府的職責被限定在執行範圍相對小的聯邦刑事法律，涉及的犯罪包括製造和販賣假鈔；逃避包含菸、酒、槍支等在內的稅收；詐欺和挪用；搶劫或盜竊聯邦保險資金，包括搶劫銀行；跨州的刑事案件；謀殺或襲擊聯邦官員；違反聯邦毒品管理法律等。

非嚴重犯罪：毒品、賣淫、性犯罪、賭博、醉酒駕車和違禁液體制劑等。

第二節　多樣化的聯邦刑事司法機構

美國中央情報局是美國最大的情報機構，其主要任務是公開和秘密地收集和分析關於國外政府、公司、恐怖組織、個人、政治、文化、科技等方面的情報，協調其他國內情報機構的活動，並把這些情報送到美國政府各個部門。它也負責維持大量軍事設備，這些設備在「冷戰」期間用於推翻外國政府，例如蘇聯、危地馬拉的阿本斯、智利的阿連德等對美國利益構成威脅的反對者。美國中央情報局總部設在弗吉尼亞州的蘭利市。美國中央情報局的地位和功能相當於英國的軍情六處、蘇聯的克格勃和以色列的摩薩德。在美國情報體系中，它是唯一一個獨立的情報部門。

（Central Intelligence Agency，簡稱 CIA）
美國中央情報局標誌

除中央情報局（CIA）外，美國還有大量其他專業的獨立政府機構，如國家安全部。

(National Security Agency，簡稱 NSA)
國家安全部標誌

國家安全部包括：

運輸安全局（Transportation Security Administration，簡稱 TSA）；

移民和海關執行局（Immigration and Customs Enforcement，簡稱 ICE）；

移民和規劃局（Immigration and Naturalization Service，簡稱 INS）；

海關總署（Customs Service）；

邊境巡邏隊（Border Patrol）；

海岸警衛隊（Coast Guard）。

第三節　美國的槍支管理

槍是一種能很容易地對人體造成極大的傷害甚至導致死亡結果的強力殺傷性武器，一般來說是不會出現在普通人手中的東西，但是在美國，公民持槍卻是一件再平常不過的事。美國是世界上第一個同時也是至今為止唯一的一個公民擁有普遍持槍權利的國家。眾所周知，在美國，持有槍支是合理合法的，可以說在美國每 10 人就有 9 人持有或收藏著槍支。然而美國民

間對槍支的購買需求卻仍然旺盛，槍支對美國人來說簡直如同日常的家具用品一樣普通。

在美國，一個人持有槍支是一件稀鬆平常的事，那是因為在他們數百年的歷史中，槍支一直占據著一個相當重要的部分，以至於漸漸演變成了一種文化。當然，槍支的危險性並不會因為這個就變小。而且，美國公民持有槍支必然會受到美國法律的制約，那就是《美國槍械管理法》。

第一批乘坐「五月花號」到達北美大陸的歐洲移民正是依靠武器才得以在這片土地上落地生根，在猛獸和印第安土著的包圍中，武器成為每個移民安身立命的工具。此後，北美13州逐漸成形，因為沒有常備政府軍隊，各州都依靠民兵進行自我防衛，州政府也逐漸介入武器管理中，部分州政府甚至會對沒有武器的居民進行處罰。

之後，隨著獨立戰爭的打響，民兵的影響力進一步擴大，因為正是這些擁有武器的平民和英國軍隊作戰8年，並成功贏得獨立戰爭。建國後，當1789年美國憲法的《權利法案》由國會議員提出時，「持有和攜帶武器」的權利被自然而然地寫入其中，並於1791年被批准正式生效。為了限制強勢政府，防止政府權力膨脹進而侵犯公民權利，賦予公民合法反抗的武器，也是這條法案重要的內在精神。

這一點在1791年12月15日被批准的美國《權利法案》的一部分——《美國憲法第二修正案》中獲得了充分的肯定：

A well regulated Militia being necessary to the security of a free State, the right of the people to keep and bear Arms shall not be infringed.

（譯文：訓練優良的民兵對自由國度的安全是必要的，因此，人民持有並攜帶武器的權利不可侵犯。）

在美國，持槍是公民的權利，但是槍支本身作為一種具有極大殺傷力的武器，政府不可能不對其持有和使用加以管理，於是槍械管理法就在這樣的背景下誕生了。但是在《美國憲法第二修正案》之下，衍生出了其他法律體系以保護美國公民的

持槍權利。美國聯邦槍械管理法的發展，是逐步嚴格起來的。並且由於美國採用聯邦制，合眾國的各州擁有相當大的自由，因此各州的槍械管理法律，形形色色，是相當不容易搞清楚的。其中就包括了像《國家槍械法案》《槍械管理法案》《槍主保護法》《罪案防治法案》《布雷迪手槍暴力防制法》等大量法規。

與之相反的是，美國的槍支暴力問題仍然處於一個相當棘手的狀態。

可以合法擁有並不表示可以隨意購買槍支，《布雷迪法案》就是制約公民隨意購買槍支的法案。詹姆斯‧S.布雷迪———雷根總統的新聞秘書，在雷根總統遇刺時受到重傷，之後在該限制槍支購買法案未獲通過時表示堅決擁護該法案，後來該法案終於通過，故以他的名字命名為《布雷迪法案》。《布雷迪法案》規定，公民如需購買槍支，必須提前五天向警察局提供一份申請表，在這五天裡警方將查詢其是否有犯罪記錄，是否為重罪犯、逃亡者、吸毒者或是精神病人。

美國現行的槍械管理法都基於《美國憲法第二修正案》即「人民持有並攜帶武器的權利不可侵犯」而制定的。但由於美國實行聯邦制度，每個州的法案都會有細微的差別，比如是否允許購買手槍、是否需要槍支登記、是否需要申請購槍證、是否發放隱匿持槍證等。

在美國，要正式申請一張持槍證不容易，需要到警察局填寫申請表、繳驗相關證件、提供至少3名美國公民的擔保信。此外，還要核對存檔指紋、接受警察面談、經過聯邦調查局審查，經證實確實沒有犯罪前科，不會對社會產生危害，才能獲得持槍證。

同時，購買槍支也是需要一定的條件的，例如：美國公民或移民簽證/綠卡持有者可以購買槍支。非移民簽證（學生簽證、商務簽證、工作簽證等）持有者不可以購買槍支。犯有重罪或某些輕罪、逃犯、非法毒品使用者、精神有問題者、非法移民、放棄美國公民身分的人、被開除軍籍的軍人、未成年人、受人身限制令限制者、犯有家庭暴力罪者以及受到刑事起訴面

臨一年以上刑期的人不允許接受、運送、發運槍支和彈藥。年滿21歲可以購買手槍，年滿18歲可以購買長槍（步槍和霰彈槍）。私人之間不可以跨州買賣槍支，必須通過有執照的銷售商購買。個人可以通過網路訂購槍支，但必須從本州有執照的銷售商處取貨。

申請正規持槍執照且取得槍支的程序非常繁瑣，因此那些不願意通過正常程序或者申請執照比較困難的人就設法通過其他「快捷方式」獲得槍支。一般來說，參觀槍展只需要買一張10美元的門票就可以進入。一般的槍展有逾千個展臺，來自世界各地的槍支任你選擇，價格從幾十美元到上千美元。購槍者只要出示駕駛執照，就可以購到槍支，就像在農貿市場買菜一樣方便。同時，在網路通信技術高度發達的今天，網上購買也成了美國人獲得槍支的重要途徑，是現在許多美國人青睞的購槍方式，對那些不願或難以通過正常程序獲得持槍執照的人來說，網上槍店提供了不少「方便」。2011年12月14日，紐約市市長邁克爾‧布隆伯格稱，一項調查顯示，美國近2/3的私營網路槍支銷售商在進行交易時，願意將槍支賣給沒有經過背景檢查的買家。

目前美國是世界上私人擁有槍支最多的國家，平均每10人擁有9把槍。美國國際問題研究所報告說，世界上已註冊的槍支總量為8.75億支，其中約6億支為民間所有。美國民間擁有槍支數量為2.7億支，幾乎平均「人手一槍」。世界上每年生產約800萬支槍，其中450萬支被美國人買走。另外，世界各國槍主在其主管部門登記的槍支比例僅占12%，也就是說，很有可能有更為大量的「黑槍」在美國銷售。如此簡單的槍械購買方法無可避免地導致了槍械在美國的泛濫和濫用，對美國的社會治安造成了極其惡劣的影響。例如美國歷屆總統所遭到的刺殺。據說林肯總統在被槍手約翰‧威爾克斯‧布斯用一把0.44口徑手槍發射的一顆子彈擊中頭部後，僅活了幾小時，而那把手槍在當時只需要十幾美元就能買到。

由於民眾普遍持槍，美國槍擊案頻發，特別是近期，槍擊

事件呈急速抬頭態勢。在美國10,100起被確認使用槍支的凶殺案中，75%使用的是手槍、4%使用的是步槍、5%使用的是霰彈槍，剩下的是使用其他類型槍支。由於槍支本身具有致命的能力，故不管受害者或施害者攜槍，都會導致傷亡概率大大增加。

　　暴力防治與應付暴力的教育計劃已廣泛地在全美各地學校與社區裡建立。這些計劃旨在改變孩童與父母雙方的個人行為，以鼓勵孩子遠離槍支、確保家長安全地保管槍支、鼓勵小孩不以訴諸暴力的方式解決爭端。防治計劃的目標在於改變人的行為，其範圍從被動（個人並不需要出力）到主動（如監督兒童或者將槍用扳機上鎖）皆有。對社會大眾的要求越多，防治策略的實現就越困難，著重於改變政局環境及槍支本身的防治策略可能更為有效。

第四節　美國的反毒品運動

　　美國是一個崇尚和迷信藥物的社會，「藥品文化」深入人心。在美國，以藥養身、以藥健身不僅是百姓熱衷的養身之道，更是有錢人追求的時尚生活。雖說美國的有關法律規定，必須持有醫生的處方才可以到藥店買藥，但實際上，在美國幾乎所有的大型超級市場上都設有藥品專架，顧客無須向任何人做任何諮詢便可以隨心所欲地選擇各種常用藥物（當然不包括毒品）。因此有人說，美國是一個藥品充斥的國家。美國有線新聞網1996年進行的一項調查表明，美國有60%～80%的成年人因工作勞累等原因，經常出現背部酸痛的感覺，其中有55%以上的人習慣於服用大麻等藥物來消除疼痛。設在亞特蘭大的全美少年毒品防治中心1997年6月就青少年對藥品的態度進行了一項抽樣調查。當問到「當你感到疲勞、乏力等身體不適時，你將選擇何種方式消除？」時，回答中有38.7%的人說「服藥」。由此可見，「藥品文化」使許多美國人尤其是青少年喪失了對藥物的必要的警惕，形成了依賴藥物的傾向，這無疑為毒品走進

人們的日常生活提供了充分的機會。更為嚴重的是，在美國，許多州的法律視大麻為一般性藥物而並非毒品，規定個人吸食大麻並不違法。而事實上，從藥理學的角度看，大麻與可卡因、海洛因等毒品只是藥性強度上的差異，並沒有本質上的不同。這一規定實際上為吸毒敞開了大門。

據聯合國麻醉品管制署1998年6月提供的統計數字，美國市場上每年銷售掉的毒品數量占全世界毒品貿易總額的33.4%，僅大麻、可卡因、海洛因這三種毒品的年銷量就高達1.6萬噸，銷售額為1,000億美元以上。美國至今仍然保持著擁有吸毒人口最多的世界記錄。美國聯邦政府《全國家庭濫用藥物調查報告》提供的數字表明，一生當中至少使用過一次毒品的美國人為7,200萬人，約占全國總人口的1/3；每週至少使用一次毒品的美國人為221萬人，也就是說，在不到100個美國人當中就有一個吸毒成癮者。美國人每年用於購買毒品的開銷總額高達500億美元以上。

青年吸毒現象回潮

自20世紀60年代嬉皮士運動將毒品推向美國社會的各個角落以來，青年吸毒者在吸毒群體中所占的比例一直是最高的。美國《哥倫比亞時代報》1996年3月的一項調查顯示，1991—1995年期間，美國20~30歲的青年吸毒者人數增加了89%，從占人口總數的0.44%上升到了0.8%。20世紀90年代以來，美國青年成長的社會環境不斷惡化，是導致吸毒現象回潮的主要原因。這一代青年人成長於債務危機、家庭破裂、種族關係緊張、環境惡化的70~80年代，他們當中有40%以上的人是在破碎的家庭中長大的，是美國第一代「胸前掛鑰匙的兒童」。他們也是美國學校教育水平下降的受害者。當這一代人走出校門加入勞動大軍的時候，又正值經濟衰退和美國歷史上規模最大的企業裁員時期。90年代以來，美國有大批中青年中層管理人員和工程師被解雇。1997年2月《華盛頓郵報》報導，60~70年代出生的一代職工，年過40歲就面臨被解雇的威脅。由此可

見，目前美國青年吸毒現象的回潮的確不是偶然現象，而是與目前美國的社會經濟情況密切相關的。

吸毒低齡化趨勢迅速發展

吸毒人口趨向低齡化是美國吸毒問題的又一引人注目的新特點。《哥倫比亞時代報》1996年3月進行的調查表明，1991—1995年期間，14~18歲的美國青少年吸毒人數不斷增多，五年中增長了100%。1992年，中學畢業生中有32.6%的人至少吸過一次大麻，而到1995年這個數字則上升到了41.7%。另根據美國全國家長禁毒委員會對高中畢業生（17~18歲）所做的調查，1995—1996學年，有29.5%的學生吸毒，而在1987—1988學年，這個數字僅為18.6%，8年內吸毒的學生增長了58.6%。導致美國吸毒問題低齡化的原因主要有兩點：第一，近年來社會對校園毒品問題的重視程度有所下降。由於美國沒有對青少年的毒品犯罪規定刑事責任，販毒分子便利用這一點，常常高價雇傭青少年為他們販毒。全國性周報《高教紀事報》對全美831所學生人數超過5,000人的大學所做的調查表明，校園中因生產、使用和銷售毒品而被捕的案件增加了23%，從1993年的4,993起增加到了1994年的6,138起。第二，美國40~45歲年齡段的中年家長們對毒品問題的態度有所轉變，主要表現為他們中的相當一部分人對自己的子女接近或嘗試毒品普遍存在一種容忍態度，導致孩子們缺乏對毒品的警惕性。總部設在洛杉磯的全美合作禁毒委員會對洛杉磯70所學校近6,000名中學生的抽樣調查顯示，40%的洛杉磯學生相信每個人都可以嘗試毒品；45%的學生表示他們將來有可能會嘗試毒品。該委員會主席詹姆斯‧布克認為：「由於這種態度將會導致實際行動，不久的將來會有更多的年輕人加入吸毒者行列。」

毒品合法化呼聲漸高

毒品合法化之爭在美國由來已久，早在20世紀60年代，美國嬉皮士運動提出的主要口號之一就是「吸大麻」。但隨著毒品

所帶來的後遺症逐漸顯露出來，加之雷根政府的強硬的禁毒措施，使得合法化的呼聲在 80 年代末期逐漸小了下去。60 年代嬉皮士運動提出使毒品合法化，其目的是鼓勵人們「享受毒品帶來的樂趣」。目前在美國社會出現的毒品合法化的主張雖然也包含允許人們自由使用毒品的含義，但是，其目的是要「以毒攻毒」，即通過解禁毒品來控制毒品。90 年代初以來逐漸加強的這種毒品合法化聲浪在美國社會引起了一定的共鳴。隨著毒品在全世界的迅速蔓延和禁毒難度的不斷加大，讚同毒品合法化的人數還會有所增加。特別是在大麻解禁的問題上，解禁派的看法開始被越來越多的美國人接受，司法機關的態度也有了較大的鬆動。目前，美國已有十幾個州規定個人吸大麻為合法，私藏大麻只是一種道德不端行為，而不是犯罪行為。

美國與世界主要毒品產地如哥倫比亞、秘魯和玻利維亞只有一海之隔。作為鄰國的墨西哥和哥倫比亞是全世界大麻和海洛因的主要產地之一。毒品經濟在這些國家的國民經濟中佔有相當大的比例。靠近毒品主要產地這一特殊的地理位置，客觀上決定了美國毒品的來源極為豐富。

目前，美國毒品犯罪逐年增多，禁毒迫在眉睫。而美國毒品主要來自墨西哥，因為墨西哥與美國接壤，兩國邊界長達 3,000 多千米，長期都是毒品、違禁品及非法入境者進入美國的一個主要途徑。在 20 世紀 80 年代及 90 年代早期，哥倫比亞的巴勃羅·埃斯科瓦爾是可卡因的主要出口者，與世界各地有組織犯罪網路有往來。當美國在南佛羅里達及加勒比海地區的禁毒執法力度加強後，哥倫比亞毒販與墨西哥毒販合作，把可卡因經墨西哥運入美國。

墨西哥早已是海洛因及大麻進入美國的主要來源地，墨西哥毒販早已建立起配套系統，哥倫比亞毒販的計劃很容易就能實現。到 20 世紀 80 年代中期，墨西哥毒販已經成為哥倫比亞可卡因的可靠運輸者。初期墨西哥人主要通過從中收取運輸費牟利，到 80 年代後期，墨西哥人與哥倫比亞人改為以買賣方式結算。此種安排使墨西哥毒販除了運輸毒品外，也參與毒品分銷，

使他們的隊伍更為壯大，甚至干起從哥倫比亞販運可卡因到世界各地的勾當。

現如今，這位美國的「好鄰居」給美國帶來了嚴峻的挑戰。有關材料顯示，雖然美國人服用毒品的總數量明顯低於二三十年前的水平，但是毒品的使用者卻呈現上升趨勢。禁毒成為美國迫在眉睫要做的事情。

1914年，《哈里森麻醉品法》誕生，標誌著美國歷史上有了第一部聯邦毒品控制法案。該法涉及海洛因、嗎啡和可卡因等毒品，在美國生產、銷售和擁有海洛因是觸犯聯邦法律的犯罪行為。

1970年，國會通過了《毒品濫用和控制綜合法》。這是尼克松政府出抬的第一部反毒法案。該法的出抬，在美國毒品控制史上有著重要的歷史意義。

1988年，國會通過了一系列法案，通稱為《1988年反對毒品濫用法》。

美國早期的反毒政策就其功能而言應該是比較成功的。在資金和人員投入都非常有限的情況下，聯邦麻醉品局控制了毒品蔓延的勢頭，並使吸毒現象有一定程度的下降。但是毒品問題突然又在20世紀60年代噴湧而出，成了威脅美國社會的一大「癌症」。

美國的禁毒鬥爭可分為四類：封鎖、教育、加強執法和戒毒治療。

封鎖：每年美國禁毒署、海關總署、海岸警衛隊及州政府和地方政府都要截獲大量的走私毒品船隻，但每年進入美國境內的毒品數量依然呈增長趨勢。美國使用軍事力量支持其他聯邦機構也無法達到嚴守邊界、阻截毒品入境的目的。而且美國對拉丁美洲各國政府施加壓力，督促其破壞可可種植或協助美國禁止毒品的行為，導致國家間的關係緊張起來。這些都表明阻截毒品在很大程度上是失敗的。

教育：近年來，對公眾進行關於毒品危險性的教育，已經激發了許多公開的或私下的禁毒運動，範圍涉及電視廣告、地

方警察機構贊助舉行的抵制濫用毒品的教育活動。

　　加強執法：每年有超過 150 萬人由於毒品違法而被逮捕，毒品犯罪的囚犯占聯邦監獄囚犯總人數的 59%。聯邦調查局和州與地方政府的執法機構已經將主要精力用在與毒品的鬥爭上。

　　戒毒治療：在各州發展起來的特殊「禁毒法庭」與轉移程序通常給非暴力性的毒品使用者一個選擇的機會：接受戒毒治療或進入監獄。一些吸毒者受益於接受治療這一過程，但戒毒治療工作的總體成效是極差的，多數的嚴重吸毒者接受了不止一次的治療。

　　美國各類反毒政策的實施都不能很有成效地減少毒品的使用，仍然還存在著諸多問題。美國反毒政策向來有重執法、輕治療、輕預防的傳統，這不是一種兼顧綜合平衡的應對措施。

　　反毒政策表現出了相當大的延續性。由於毒品問題政治化的原因，導致了政策的僵化。因此，有些觀察家提出建議，把毒品合法化，並且由政府監控毒品的生產和交易。但是這種毒品合法化的建議引起了很多美國人的不滿，他們認為此法將會導致毒品濫用在全國擴散，破壞整個國家的社會結構。

第五節　美國的監獄與死刑

　　美國社會犯罪率高，監獄人滿為患已是全球公認的事實。由於罪犯越來越多，美國公立監獄日漸陷入資金不足、管理混亂的尷尬局面，虐待囚犯和監獄暴力事件時有發生。每年有超過 1,000 萬的美國人被關進拘留所、警察局、青少年教養所或者監獄。絕大多數人在幾個小時或幾天之內就被釋放了。然而，還有超過 140 萬的美國人被關在美國的州或聯邦政府監獄裡。這些囚犯要為他們惡劣的犯罪行為服役。幾乎所有的在押囚犯都有犯罪前科，這些人至少要服一年的刑期。另有 70 萬人被送進地方的監獄裡，要服一年以下的刑期。

　　然而，在這種情況下，仍然面臨許多問題。其一，每年監

禁人數不斷上升。其二，改造罪犯真的能夠實現嗎？進去的人大多數是累犯或慣犯，怎能期望他們在經改造後為社會做貢獻呢？其三，緩刑對減少罪犯是無效的。雖然人們認為，被判緩刑的人比被監禁的人對社會產生的危害要小，但是研究表明，接近 2/3 的被判緩刑者會再次被捕。其四，假釋政策失敗。被假釋出去的罪犯中有 3/4 的人由於嚴重的犯罪而再次被捕。

美國實施監獄與改造政策的目的就是懲戒，然而，在這一政策的執行過程中，卻出現了嚴重的問題，而且問題大多沒有得到解決。

死刑

在任何國家，被判處死刑的人都是罪大惡極的人。在美國，是否允許使用死刑一直是全國範圍內長期激烈爭論的話題。美國執行死刑的方式有注射、電椅、毒氣室、絞刑、槍決等方式。

一些反對死刑的人認為，它違反了《憲法第八修正案》「不得施加酷刑和非刑」的規定。他們還認為死刑是不平等的，被判死刑的人中有很大部分是貧窮的、沒有受過教育的非白色人種。在死刑的實施中存在種族歧視，死刑被認為違反了《憲法第十四修正案》的平等保護條款：只要是殺人犯就應該被判死刑，不管是白人還是黑人。然而，有些統計表明，如果受害者是白人，那麼殺人犯被判死刑的可能性比受害者是黑人時的可能性要大得多。

1972 年以前，死刑是由聯邦法律和大約一半的州的法律正式批准的。然而，1967—1972 年，實際上沒有人被判死刑，主要原因在於法律的混亂及對死刑是否違憲存在爭議。

在 1976 年的一系列案件中，包括格雷格訴佐治亞州、普羅菲特訴佛羅里達州、尤里克訴得克薩斯州等案件，最高法院最後堅持認為「死刑並不是必然違憲的」。最高法院支持死刑的理由是：《權利法案》的起草者把死刑作為對犯罪的一種普通制裁。對《憲法第八修正案》中禁止酷刑、非刑的規定一定要做動態的理解，要反應不斷變化的道德價值觀，這是確實無疑的。

而且，1972年美國超過一半的州的立法機關做出重新對死刑進行立法的決定，以及陪審團根據這些新法律對上百人判處死刑的決定，都表明「美國社會中相當部分的人繼續把死刑視為一種適當的、必要的刑事制裁」。

但是美國對不滿18歲的罪犯執行死刑直接違反了《公民權利和政治權利國際公約》、《聯合國保護兒童權利公約》和《美洲人權公約》等法案。這些禁止性規定被認為是國際憲法性規定，得到了國際社會的廣泛認可。它們已經成為國際法的基本原則，其效力高於美國國內的某些特別法律和協定。顯然，美國對未成年人執行死刑，是對國際公約的公然挑釁，是對國際法的公然違反。

自從1976年美國恢復死刑以來，有至少34名精神智障者被執行了死刑，占所有被執行死刑人數的6%。心理測試表明，在密西西比州的死囚關押區有27%的死刑犯患有潛在的精神智障。美國司法部1999年7月的報告提到了這樣一則可怕的消息：在聯邦監獄中有16%的犯人患有精神智障。毋庸置疑，從原則規定上看，美國聯邦法律禁止對精神智障者執行死刑，但是這一高標準很少被實際遵守。

美國在20世紀50年代已經廢除了種族隔離法，種族歧視問題卻一直存在，黑人等少數民族始終是二等公民，在政治、經濟、教育等問題上受到不同程度的歧視，司法中的種族歧視也非常嚴重。具體到適用死刑，對有色人種的不公正現象更是由來已久，且範圍遍及所有保留死刑的州和聯邦。雖然相關的國際公約明確禁止刑事處罰中的種族歧視，國際社會的有識之士也對美國死刑適用中的種族歧視進行了強烈的譴責，可是美國官方和相關人士對這一切都充耳不聞，視而不見，並想盡一切辦法為其行為遮掩和辯護。

事實上，聯邦政府完全可以在消除對未成年人適用死刑、對精神智障者適用死刑、死刑適用中的種族歧視問題上和遵守國際公約問題上表明自己的立場，加強對各州死刑適用的審核和制定嚴格適用的死刑規則，甚至率先在聯邦立法中廢除死刑。

內容回顧：

本章主要運用理性主義模型分析刑事司法問題。通過分析美國社會的犯罪、多樣化的聯邦機構、懲治犯罪的政策，並結合警察執法、槍支管理和毒品威脅等問題，詮釋美國如何制止犯罪發生的相關政策及其效果。

學習本章，應重點掌握下列幾個知識點：美國的犯罪、犯罪與威懾、警察與執法、打擊犯罪的聯邦政策、槍支管理、反毒品運動、監獄與死刑。

復習思考題：

一、選擇題

1. 下列（   ）項不是刑事司法政策中的有效威懾策略。
    A. 懲罰的確定性
    B. 懲罰的及時性
    C. 懲罰的可行性
    D. 懲罰的嚴屬性

2. 下列（   ）項不是警察在社會中履行的職責。
    A. 主動出擊
    B. 維護秩序
    C. 提供服務
    D. 執行法律

3. 下列（   ）法案規定手槍經銷商必須向警察部門提交一份由購買者填好的表格；警察部門用五天的時間來確認這一購買者是否為重罪者、逃亡者、吸毒者或精神病人。
    A. （Violence Against Women Act of 1994）《1994 禁止對婦女施加暴力法》
    B. （Brady Law of 1993）《1993 布雷迪法案》
    C. （National Firearms Act of 1934）《1934 年全國槍支法》

D.（Harrison Narcotic Act of 1916）《1916年哈里森麻醉劑法案》

4. 下列（　　）機構是美國最大的情報機構，其主要任務是公開和秘密地收集與分析關於國外政府、公司、恐怖組織、個人等方面的情報。

    A. 中央情報局（CIA）

    B. 運輸安全局（TSA）

    C. 移民和海關執行局（ICE）

    D. 國家安全部（NSA）

5. 下列（　　）項不屬於美國禁毒策略。

    A. 封鎖

    B. 教育

    C. 毒品合法化

    D. 戒毒治療

答案：1. C　2. A　3. B　4. A　5. C

二、思考題

1. 為什麼槍支管制在美國無法實施？
2. 美國的禁毒鬥爭包括哪些方面？

三、案例分析

（一）奧蘭多槍擊案震撼美國

美國東部時間12日凌晨，佛羅里達州奧蘭多市「脈衝」夜總會發生嚴重槍擊事件，造成上百人死傷。這一美國歷史上傷亡最大的槍擊事件極大地震撼了美國社會，歐巴馬總統當天在白宮緊急發表聲明，要求相關部門全力協助案件調查工作。

一人行凶，百人死傷

6月12日深夜兩點，一名槍手攜帶了一支AR-15攻擊型步槍、一把手槍以及爆炸裝置闖入位於奧蘭多市中心的「脈衝」同性戀夜總會。槍手先是用可連續射擊的步槍開火，之後綁架

了100多名人質。隨即，警方包圍了夜總會，並且在幾個小時後實施突襲。接著，凶手向人質開火，最後凶手被警方擊斃。據當地警方公布的最新數字，槍擊事件已造成50人死亡、53人受傷。

當天下午，歐巴馬總統在白宮發表講話，譴責「奧蘭多槍擊案」，形容這是可怕的大屠殺。他說，這起「美國歷史上最嚴重的槍擊事件」清楚地提醒我們，對任何一名美國人的襲擊就是對我們全體美國人的襲擊。他同時下令美國下半旗，悼念受害者。

是「伊斯蘭國」信徒，還是同性戀「仇恨者」

此間媒體透露，製造這起槍擊案的嫌疑人名叫奧馬爾・薩迪奇・馬丁，今年29歲，父母均為阿富汗移民。警方調查發現，馬丁居住地是位於奧蘭多市以南聖盧斯縣的皮爾斯港，距離事發地點大約有兩個小時車程。

聽取相關匯報後，歐巴馬總統明確定性該事件屬恐怖襲擊，但並未談及是否與伊斯蘭教信仰有關。美國聯邦調查局（FBI）的一名發言人說，這名槍手似乎「傾向於」伊斯蘭激進組織的主張，但目前尚不清楚這起襲擊案是不是國際恐怖襲擊的一部分。

美國全國廣播公司援引多名執法官員的話說，馬丁在槍擊開始前曾撥打911報警電話，宣稱向「伊斯蘭國」極端組織頭目效忠，而且在「伊斯蘭國」極端組織相關聯的推特公眾號上貼出的「效忠者」照片與警方提供的馬丁照片一致。而英國天空新聞網則報導稱，「伊斯蘭國」通過其所屬「阿瑪琪」（Amaq）通訊社宣稱對「奧蘭多槍擊案」負責。該聲明中稱：「『伊斯蘭國』戰士發動了此次襲擊。」

不過，馬丁的父親則對NBC表示，這件事情跟宗教沒有任何關係，馬丁只是對同性戀存有嚴重偏見，因為此前在邁阿密市看到兩個男人親吻時，他就表現出極度憤怒情緒。按照馬丁父親提供的信息，執法機構也朝著本次槍擊案是否為仇恨犯罪的方向調查。

案情衝擊選情，兩黨或都受傷

由於時值美國大選關鍵時期，本次槍擊案或將對大選走勢產生影響。如果最終調查結果顯示這是一起與極端組織「伊斯蘭國」有關的襲擊事件，在對待移民和宗教問題上立場強硬的共和黨總統候選人川普有可能因此贏得更多支持。而對民主黨候選人而言，「恐襲」「伊斯蘭」等則是十分敏感的詞彙，希拉蕊·克林頓在推特上說：「在我們期待更多信息的同時，我謹對在此次事件裡受到傷害的人們表示慰問。」其言論中對於襲擊的性質並沒有絲毫涉及。而已經宣布支持希拉蕊的歐巴馬在確認事件為「恐怖襲擊」的同時，也點出「今天對於同性戀社群來說是令人悲傷的一天」，以淡化嫌犯的宗教信仰的影響。

此間分析家認為，奧蘭多槍擊案或許對於川普是一柄「雙刃劍」。槍手行凶時使用致命性輕武器，可能將再次引發美國公眾對槍支管控問題的爭論。眾所周知，歐巴馬的控槍計劃屢屢遭到「美國長槍協會」及其背後支持力量———國會共和黨人的阻撓。一旦「控槍」話題發酵，或可抵消宗教極端組織、「獨狼」發動「恐襲」等聲音對民主黨的衝擊。

——來源：《光明日報》：奧蘭多槍擊案震撼美國

思考：

1. 對於頻繁發生的槍擊案件，美國是否應該通過直接禁槍的方式過制槍支犯罪問題？請談談你的看法。

2. 美國的槍支泛濫問題已經嚴重危及整個社會的安全，美國政府應該如何加以管控？

（二）美國警察槍殺黑人事件升級 5名警察被密集狙殺

在達拉斯發生造成5名警察喪生、7名警察受傷的惡性襲擊事件後，正在波蘭參加北約峰會的美國總統奧巴馬與達拉斯市市長羅林斯進行了通話，並代表美國人民表達了對喪生警察的「最深切的哀悼」。

路透社7月8日報導稱，歐巴馬表示：「雖然我們還不瞭解整個事件的前因後果，但這毫無疑問是一次惡毒的、有預謀的、

卑鄙的襲擊。我要在這裡代表每一個美國人說，我們對此感到震驚，我們與達拉斯人民和警察局站在一起。」

另據法新社7月8日報導，達拉斯市警察局局長8日稱，由於近來發生了一系列警察槍殺黑人男性事件，達拉斯槍擊案一嫌犯對談判人員稱想要殺死白人，特別是白人警察。

就在這個得克薩斯州主要城市發生導致5名警察喪生、9人受傷（其中7人是警察）的槍擊事件後，達拉斯市警察局局長大衛‧布朗呼籲人民團結一致，「警察和民眾之間的這種撕裂必須停止」。

布朗表示，7日晚槍擊事件發生後，這名嫌犯在與警方對峙時被後者引爆的爆炸裝置殺死。

達拉斯市市長羅林斯接受媒體採訪時證實，1名嫌犯在和警方對峙時喪命，同時有其他嫌犯遭拘押，其中包括1名非裔婦女，因為他們並未採取配合態度。

另據臺灣「中央社」7月8日報導，在達拉斯市中心抗議警察槍殺非裔男子的遊行示威活動中，有狙擊手在不同制高點朝警員開槍，造成5名警察殉職。

根據達拉斯警方的描述，昨晚的伏擊警方行動，是經過精心策劃的。警方目前已拘押3名嫌犯。據媒體報導，第4名嫌犯在市中心與警方交火後自殺。

達拉斯市警察局局長布朗稍早在記者會上表示，狙擊手從制高點狙擊警員，似乎是協同攻擊事件。部分受害人背部中彈。布朗指出：「襲擊者都使用了狙擊步槍，分別占領了市中心遊行終點處的3個不同制高點。」

警方起初公布4名警察死亡，但受傷警察中，一人傷重不治，殉職警察增至5人。這起事件也成為近代美國歷史上最嚴重的警察遭集體槍殺事件之一。

據英國廣播公司網站7月8日報導，美國達拉斯市警察局局長表示，在7日的抗議白人警察開槍打死黑人的示威活動期間，警察遭到槍手襲擊，5名達拉斯警員死亡。

達拉斯市警察局局長大衛‧布朗表示，襲擊事件發生在當

地時間20時45分。

7日晚的示威集會是為了抗議近日發生的路易斯安那州和明尼蘇達州發生的兩起警察開槍打死黑人事件。

另據路透社7月7日報導，警方在兩天內第二次開槍打死一名黑人的事件今天在美國引發了人們的憤怒。

32歲的學校食堂黑人員工卡斯蒂爾6日晚上在接受停車檢查時被一名警察開槍打死，促使明尼蘇達州州長馬克·戴頓下令州政府進行調查。卡斯蒂爾被打死的前一天，另一名黑人、37歲的奧爾頓·斯特林在路易斯安那州遭到警察槍擊。

據埃菲社7月7日報導，聯合國要求美國就最近兩起黑人被警察打死事件展開調查，並研究此類案件發生的深層次原因。

——來源：《參考消息》：美國警察槍殺黑人事件升級　5名警察被密集狙殺

思考：

1. 簡要闡述警察在社會中履行的職能。

2.「警察和民眾之間的這種撕裂必須停止」。分析導致美國警察與民眾之間的撕裂與對抗的原因。可以採取什麼措施加以解決？請談談你的看法。

3. 分析「破窗理論」運用於刑事司法中的利與弊。

（三）墨西哥毒品交易

在墨西哥和美國邊境發現了非法地道。墨西哥官員稱，在2009年，至少發現6條通往美國的地下通道，它們被用來運送毒品。其中有一條通道長約300米，內有電力和通風設施，甚至還有一部電梯……

思考：

1. 墨西哥毒品交易起源的根本原因是什麼？

2. 如果你是美國政府的官員，你會從哪些方面來制定相應的公共政策來應對墨西哥毒品交易？

第四章
美國的社會福利制度

第一節　美國的社會福利保障

　　美國現行的社會福利制度是在 1936 年《社會安全法案》實行之後逐步完善起來的 。《社會安全法案》包含如聯邦社會保險、失業補助金、公共援助金、孕婦與兒童福利等。除了《社會安全法案》所包括的上述福利政策之外，美國還有很多涉及生活、工作各個方面的社會福利，比較常見的有工作保險、生活補助、醫療補助等。

　　美國人口普查局統計，有 3,500 萬～4,000 萬人生活在貧困線以下。貧困線的劃定不是固定的一個數字，而是根據當年需要多少支出才能滿足標準的體面的生活決定的，並且把通貨膨脹考慮在內。美國政府的總支出當中，60% 是福利支出，福利支出的三個最大的項目是社會保障、醫療保障、退伍軍人和退休聯邦雇員工資，基本上都是給退休人員的福利，占聯邦補助的 1/3。但是真正流向貧困人口的資金不到 1/3。

　　美國社會福利政策的發展大致可以分為四個階段：

　　第一個階段是美國建國之初到 20 世紀 30 年代。隨著經濟的發展，窮人逐漸進入城市，貧困問題開始產生。但當時為窮人提供援助的大多是私人群體（組織），如教堂就是個典型的例

子。相對來說，政府在當時對貧困人群的資助中所承擔的責任相對較少。

　　第二個階段是20世紀30年代到60年代。1929年美國經歷了經濟大蕭條，這場危機對美國的經濟產生了破壞性的影響，造成了上千萬的民眾陷入貧窮的困境。美國政府陸續採取了多項措施，其中尤為著名的是1933年羅斯福總統提出的「新政」方案。這個方案的主要內容之一就是大範圍的針對窮人的公共援助，也就是通常所說的福利。這個方案將婦女、兒童、老年退休人員、殘疾與失業人員歸類到各種不同類型的救助體系中。

　　第三個階段是20世紀60年代到90年代中期。20世紀60年代，美國經濟快速發展，各項社會福利制度也隨之發展完善。美國的社會保障項目也大致分為兩大類，一類是社會保險；另一類是公共援助與福利，是幫助貧困階層維持最低生活水平和享有某些權益的社會福利。林登·B. 約翰遜（Lyndon B. Johnson）總統實行的「偉大社會」包括給失業者或貧民食品券（Food Stamps）、醫療保險、醫療補助。隨著一系列新政策的產生，主要出現了兩個現象，一是老年人的貧困減少了2/3，二是對老年人的健康照料方案在全國普遍實施。

　　第四個階段是1996年至今。福利制度改革成為美國政府的一件大事。1996年，克林頓政府頒布了《福利改革法案》，這次改革是美國福利政策的一個轉折點。新政策的目的是通過就業鼓勵個人承擔責任，減少非婚子女的出生，並加強婚姻關係。

　　哈佛大學社會學家大衛·埃爾伍德（David Ellwood）解釋說：福利把我們最高貴的價值——自立、責任、工作、家庭、社會和同情，帶入衝突之中。我們想幫助那些生活不濟的人，但是在這樣做的時候，又好像貶低了那些努力奮鬥以擺脫困境的人們的價值。我們想為那些低收入者提供財政補助，但如果這樣做，就會減少他們的壓力和工作的動力。我們想幫助那些不能自立的人，但是我們又擔心人們將不再願意自強自立。我們承認單親家庭的不安全，但是如果幫助他們，又好像助長或支持了這種家庭的形成。

1929—1933年的大蕭條對美國社會造成了嚴重的衝擊，美國國民經濟陷入困境，全國有1,500萬~1,700萬工人和約3,400萬農民陷入失業和貧困的境地。社會保障成為當時非常現實和緊迫的問題，美國的社會保障制度也正是起源於這一時期。羅斯福總統實行國家全面干預經濟的新政，新政包括救濟貧民和失業者，恢復工商業和農業，改革銀行和投資控制以及改善勞資關係等。新政通過立法的方式，建立「安全網」式的社會保險和社會福利體系。1935年美國國會通過的《社會保障法》和1939年通過的《立法補充》，奠定了美國社會保障制度的基礎。

富蘭克林·D. 羅斯福總統執政時期，聯邦政府通過採取有力的行動，提出理性的計劃來實現社會目標。羅斯福新政時期，最重要的立法《社會保障法》中提出，聯邦政府在聯邦、州和地方政府的層次上著手建立福利政策的基本框架，更為重要的是，這部法案還提出瞭解決貧困問題的策略。當時的經濟大蕭條使得國家的領導班子確信，貧困是由個人無法控制的因素導致的——失業、年老、家庭中養家糊口的人死亡以及身體殘疾等。解決辦法就是讓個人買保險來防止由於不幸而導致的貧困。

美國社會保障制度強調權利和義務相結合、收益和繳費相結合的原則，弱勢群體是其主要的受益群體。這也就是說，社會保障制度的受益者首先應該是制度的繳費者。美國各種社會保障項目中，職工是否享有年金或其他定期補助，一般取決於其工作或獨立勞動時間的長短。這種就業關聯制度是通過雇主、雇員共同繳費來籌集資金的，美國養老保險月繳費占個人工資總額的15.3%，雇主、雇員各承擔50%的費用。由於享受保障的權利和繳納保險費的義務得到了較為有效的結合，政府用於社會保障的轉移支付資金就比較少。此外，美國企業補充保險即一家企業的年金計劃對減輕國家財政的壓力也起了積極作用。在美國企業年金計劃中，社會保險繳費與享受待遇得到了更為充分的體現。

美國社會保障水平不高，僅能滿足勞動者的基本生活需要，

強調社會保障實施於需要社會幫助的弱勢群體，同時，社會保障項目仍不完備，各類人員享受保障的差別較大。例如，美國在職職工是不能享受國家提供的醫療保險的。只有職工退休以後，才能享受國家提供的醫療保險。

《社會保障法》的制定者創造了信託基金，期望用工人的社會保險費用建立一個儲備金庫。這些儲備金會有利息，這些利息和本金用於支付將來的福利開支。個人福利是根據其繳納的費用發放的。一般的稅收收入也就無須用於個人福利支出。美國社會保障制度由社會保險、社會福利、社會救濟三個部分組成。美國自建立保障制度以來，已形成龐大的社會保障體系。美國社會福利保障制度的特點首先是興辦和管理社會福利保障的一體多元化，公私兼顧、聯邦和地方政府兼顧，其側重點時有調整。美國社會福利保障項目的多層次與美國社會保障的公私兼顧的多元體制相聯繫，社會福利保障項目多層次是又一特色。美國的社會保障項目有就業和失業福利保障、老年福利保障、健康醫療保障、教育福利保障、住房保障、退伍軍人保障以及其他公共援助、婦幼及殘疾福利保障等大類。每類中又分若幹方面，如健康醫療保障涉及公共健康保險、公共醫療補助、私人健康保險、工傷保險等。住房保障涉及公共住房、房租補貼、婦女、嬰兒和兒童住房補貼、消除貧民窟和新鎮建設運動等。其他公共援助、婦幼及殘疾福利保障涉及撫養未成年兒童家庭補助，為老年人、盲殘人提供補充保障收入，對永久性完全殘疾人的補助，食品券，兒童營養補助、兒童服務、殘疾保險等。美國社會福利保障財源的多渠道和美國社會保障項目的多元層次及美國公私兼顧的社會保障制度相適應，在社會保障的財政來源上顯示了多渠道的特色。由於美國市場經濟的發展和主導作用，美國自由主義思想和多元價值觀念的影響，以及美國二元聯邦主義政治體制及地區經濟發展的不平衡，美國社會保障制度是很不完善、很不平衡的。這種不完善、不平衡集中表現在各州和地方規定的稅收和社會保障福利金額待遇有相當大的差距，其中經濟發達的東北部地區和南部等經濟後進地區相距

甚遠。此外，不同的企業由於經濟實力和盈利情況不同、高技術和大企業雇員的福利待遇與小企業和盈利低的企業福利待遇、工會力量的強弱等都對福利待遇發生影響。美國社會福利保障的受惠待遇是不平衡的。美國雖然實行對低收入和貧困家庭的福利補助，同時又在稅收政策、退休政策等方面實行對高收入者有利的傾斜。

美國社會保障制度有五大特點：一體多元制；多層次；多渠道；美國社會福利保障制度的不完善、不平衡；美國社會福利保障受惠的不平衡。

第二節　美國的貧困問題

貧困是一種多元性、綜合性社會現象，它有多種表現形式。收入貧困是現代貧困最重要的概念和最主要的表現形式。美國一般以處於官方規定的貧困線以下的人口占總人口的比例來衡量貧困規模。貧困線由家庭規模和家庭總收入這兩個因素來確定，並且每年都要重新測算、核定。如果一個美國家庭的年總收入低於「基本需求」，就被認為屬於貧困家庭。據美國人口普查局公布的數據，2004 年，美國貧困人口占總人口的比例由 2003 年的 12.5% 上升到 12.7%，總人數從 3,590 萬上升到 3,700 萬，增加了 110 萬人，平均每 8 個美國人中就有 1 人生活在貧困之中。一些研究者認為，貧困、不平等和無家可歸問題在美國十分嚴重，這樣的貧困線實際上大大低估了美國人的貧困狀況，造成了對貧困的忽視。一些專家認為，貧困和無家可歸問題在美國正在好轉，官方規定的貧困線標準過高，誇大了美國的貧困範圍。美國窮人家庭中，70% 擁有汽車，97% 有彩色電視機，64% 有微波爐，50% 有立體聲音響。傳統基金會貧困問題專家瑞克特認為，以絕對貧困的標準來衡量，在工業化國家中，美國是貧困率最低的國家之一。

導致貧困的原因很多，在美國，對其的分析方法主要分為

個人主義和結構主義。個人主義理論認為貧困者應該主要從自身去尋找貧困的根源，應該主要通過個人的努力擺脫貧困，而不應該依賴政府和社會。結構主義的貧困理論持「社會責任」的立場，認為當代社會中的貧困主要是由社會因素引起的。而實際上，貧困問題既有客觀的社會根源，又有個人的主觀原因；在反貧困方面，既需要社會的努力，又需要個人做出自己的努力。貧困不僅表現在經濟貧困上，而且表現在環境貧困、社會貧困上，它是環境、經濟和社會相互作用、相互影響的結果，具有很強的複雜性和綜合性。美國從建國之初到20世紀30年代和20世紀30~60年代是美國出現貧困的主要時期。1933年羅斯福總統提出的「新政」中針對窮人的公共援助進行了大範圍的支助，這就是通常說的「福利」。但那時候聯邦政府在解決國內社會問題上的行動和作用都十分有限。1964年，約翰遜總統宣布向貧困開戰，美國開始走上一條新的道路，為解決貧困和其他一些國內社會問題設計和實施了更多的計劃，花費了更多的資金，美國的社會保障體系逐步完善。但是，到了20世紀80~90年代，美國傳統的福利政策特別是撫育未成年兒童家庭援助（AFDC）項目，受到了來自各方面的猛烈批評。福利允許窮人遊手好閒，造成了永久性的底層階級，形成了福利依賴，兒童貧困居高不下，甚至有所增加，另外還帶來了巨大的社會保障財政赤字。1996年，克林頓通過促進就業鼓勵個人承擔責任，減少非婚子女的出生，並且加強和支持婚姻關係。後來，布希也對這一舉措進行了強化，鼓勵就業，以減少窮人對福利的依賴。

第三節　美國的醫療保險

美國現行的醫療保障體制是以私人商業醫療保險為主，由公共部門、私人部門和非營利性組織共同構成的，它是全世界最複雜的醫保體系。在醫療保障領域，美國無疑是發達國家中的「獨行俠」，是世界上唯一一個沒有實行全面醫療保障的發達

國家。其醫療保障體系以商業保險為主體,其構成紛繁複雜,被公認為「不成體系」或「複雜多元化」,使得美國的醫療保障制度獨樹一幟。見下圖。

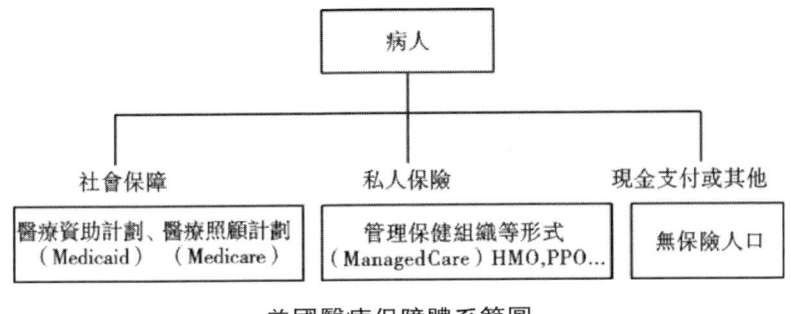

```
                            病人
          ┌──────────────────┼──────────────────┐
        社會保障            私人保險         現金支付或其他
  ┌────────────────┐  ┌────────────────────┐  ┌──────────┐
  │醫療資助計劃、醫療照顧計劃│  │管理保健組織等形式       │  │          │
  │ (Medicaid) (Medicare)│  │(ManagedCare) HMO,PPO...│  │ 無保險人口│
  └────────────────┘  └────────────────────┘  └──────────┘
```

美國醫療保障體系簡圖

不過,美國統計局 2007 年數據顯示,67.9%的美國人通過商業保險公司獲得醫療保障,27.8%通過政府獲得醫療保障,另外還有約 15.3%沒有任何醫療保障。在擁有商業醫療保險的人中,60%通過雇主以團體保險形式購買,僅有 9%由個人直接購買。

1965 年美國眾議院基本資源委員會主席威爾博·米爾斯提出了老年人醫療保險的法案,儘管當時遭到了美國醫療協會(AMA)的反對,但這一建立老年醫療照顧(Medicare)的法案最終還是於 1965 年 7 月 30 日由約翰遜總統簽字生效,1966 年正式實施,由美國衛生與公眾服務部衛生服務經費管理局(HCFA)直接管理。Medicare 包括醫院保險(HI)、補充醫療保險(SMI)兩個部分。前者的資金來源於社會保障工資稅的一部分,後者 25%來自申請人的投保金,餘下的 75%由政府收入解決。該制度是對 65 歲以上年齡的人以及 65 歲以下因殘疾、慢性腎炎而接受社會救濟金的人提供醫療保險。保障的範圍包括大部分的門診及住院醫療費,受益人群約占美國人口的 17%。

聯邦政府和州政府對低收入人群、失業人群、殘疾人群也有各種特別醫療項目資助,Medicaid 是最大且最具代表性的 1 個項目,它由聯邦政府支付 55%、州政府支付 45%,共同對低收入居民實行部分免費醫療。Medicaid 項目在很大程度上帶有財

政轉移支付的功能。它與 Medicare 的區別是，前者是為貧困者而設，後者是為老年人而設，二者之間沒有直接聯繫。Medicaid 服務項目包括門診、住院、家庭保健等，全國每年約有 3,000 萬人受益。

此外，現役軍人、退伍軍人及家屬和少數民族可享受免費醫療服務，費用全部由聯邦政府支付。

傳統上，企業的雇主為他們的雇員支付醫療保費給保險公司，而保險公司（承保人）付款給醫療服務的提供者（包括醫師、醫院、Home Care 機構、Nursing Home 或藥局）。在這個系統之下，醫師決定病人該接受何種治療、治療的程度以及誰該提供醫療服務。醫療費用通常由醫療服務的提供者單方面決定，保險公司只單純地支付醫療帳單。如果費用太高，保險公司則會提高下一年度的保費。在 Managed Care 的制度下，結算病人醫療費用的機構將扮演管理病人醫療服務的角色。雇主和保險公司不再僅僅支付醫療費用，他們也參與決定該給病人多少醫療服務、何種醫療服務、該由誰來提供治療。換句話說，雇主和保險公司將決定醫療提供者的所得以及付款的方式。因此，Managed Care 可以說是美國醫療系統的一項重大變革。過去由醫療人員特別是醫師決定一切醫療行為的局面不再出現，醫師必須和雇主以及保險公司分享他們的決定權。這深深地改變了醫師在醫療系統中所扮演的角色。

美國醫療保險的付費制度分為四種：

（1）Out–of–pocket payment（直接付現）；

（2）Individual private insurance（個人私人保險）；

（3）Employment–based group private insurance（公司私人保險）；

（4）Government financing（政府財政支付）。

第一種是最簡單的付費制度——就像消費者直接購買商品和服務那樣。但是基於幾項特點，使得醫療保險有別於一般的消費行為。例如醫療是人類的基本需求，而非奢侈品，因此，如果病人無法負擔醫療費用，必須有一個不同於 out–of–

pocket 的付費制度來幫病人支付醫療費用；再者，醫療需要和支出無法事先預估和選擇；而且，當病人接受治療時，往往缺乏關於這些治療的知識；更何況人們不知道他們什麼時候會遭逢疾病或傷害。

第二種是私人保險——除了病人和醫療人員外，保險公司居中，一方面向人們收取保費，另一方面支付病人的醫療費用給醫療機構。

第三種是企業的雇主支付雇員所有或部分的醫療保費。醫療保險提供一個機制以便把醫療資源分配給真正需要的人，而不是基於他們支付醫療費用的能力。換句話說，醫療保費的基金從健康者的身上被重新分配給病人，同時健康保險制度幫助無法支付醫療費用的人分擔他們的費用。然而，健康保險在這方面的正面意義，有時反倒變成它的致命傷。比如原本是要解決現付式付費制度裡病人無法負擔高額醫療費用的問題，卻造成了難以控制醫療費的窘境。因為在這個制度下，病人不必再自己掏腰包支付醫療費用，於是無形中人們會增加看病的次數。加上醫療機構轉而向保險公司索費，他們可以很輕易地提高醫療費用。因此基於商業競爭的考慮，保險公司不得不以較低額的保費來吸引年輕、健康或低危險性工作的族群投保。相對的，老人與有病的族群變得愈來愈沒有能力支付高額的保費。

為了解決新產生的問題，於是有第四種付費制度出現——政府健康保險：Medicare 和 Medicaid。Medicare 的服務對象是老人，經費來源是社會安全稅收、聯邦稅和受益者所繳的保費。Medicaid 由州政府管理，對象是低收入者，經費來源是聯邦稅和州稅。

最後一種是醫師的工資或醫院的預算。由 HMOs（健康管理辦公室）管理的醫師，接受一個期間的醫「工資+獎金」（獎金視師幫 HMOs 或 IPAs 節省的醫療花費的程度而定）。在這個制度之下，超時工作並不會帶給醫師更高的薪資。就像是 Capitation，醫師必須得承受收入減少的危險。Kaiser Health Plan（愷撒健康計劃）在美國很多地區是最大的 HMO，它們擁有自

己的愷撒醫院（Kaiser Hospital）。Kaiser Hospitals 每年從 Kaiser Health Plan 接受固定的預算，而同時得承受整個財政上的風險。因為無論有多少住院病人和多麼昂貴的治療和檢查，都只有固定的預算可以使用。

說到美國的醫療保險，真是五花八門，有時連專職的醫療保險經紀人都解釋不清。美國醫療保險大體上分為以下幾大類：

(1) 普通醫療險；
(2) 專科醫療險；
(3) 住院醫療險；
(4) 單項醫療險。

普通醫療險：所有人都必須有的醫療險。在美國，這種保險也叫基本醫療保險，是以年齡和家庭人員來確定保險額度的。比如年滿 18 歲的年輕人每個月付 40 美元左右，看病主要以內科病為主。門診費和藥費的自付額一般為 40%左右。即診費和藥費加起來 100 美元的話，自己要付 40 美元。這種基本醫療保險含住院費用，但是自付額為 2,000 美元左右，超過 2,000 美元的部分才由保險公司支付。從 25 歲以後，每 5 年算一檔，即 18 歲以下、18～24 歲、25～29 歲、30～34 歲、35～39 歲、40～45 歲、45～49 歲、50～54 歲、55～59 歲、60～64 歲 10 個年齡檔次。基本上每一檔上調 50%保費。而年滿 65 歲以後，則由政府支付所有的醫療保險費用。家庭醫療保險以夫妻雙方年齡小的一方為保險費檔起算，第二位以上的家庭人員的保費，大概每人只需多加 20%，其孩子未滿 18 歲可以單保，也可以算入家庭成員合保。一些年輕的父母願意和孩子合保，因為起價保費低。而父母年齡大的卻願意與孩子分開參保。

專科醫療保險：這類保險分項很細，譬如牙醫保險就有洗牙、補牙、植牙、拔牙、矯正、牙周病、X 光檢查……每多保一項必須多加一筆費用。婦科醫療保險同樣複雜：檢驗費、治療費、檢查費、孕檢費、產檢費。

保險公司對醫療支付的費用審核很嚴格，並且是分項支付的。就拿診斷費用來說，初診費、復診費由保險公司給付時費

用不同，時間要求不同。一般初診時間為 40 分鐘，保險公司支付給醫師 40 美元初診費；復診時間為 25 分鐘，保險公司支付給醫師 25 美元復診費。如果時間延長，醫師可以申請追加診費，但是申請手續很繁瑣。

在美國，每個人都可以根據自己的家族史、病史和身體狀況購買不同的保險，也可以選擇不同的專科。

突發疾病時，也是根據所購買的不同的醫療保險項，保險公司支付保險項內部分，自己承擔未買保險的部分。在美國，自己承擔不了醫療費用時可以申請貸款，醫院也會根據每個人的不同情況減免部分醫療費用，政府也會給一部分資助，而很多社團或公益組織也會伸出援手。所以沒有醫院會因為病人付不出醫療費用而拒絕施救，因為社會輿論和對這家醫院的負面報導，會讓這家醫院關門。

美國的醫院分為截然不同的兩種，一種是公立醫院，一種是私立醫院。美國公立醫院規模很大，每座城市都有幾家，它們基本沒有什麼盈利，完全是公益目的，為美國公民看病。公立醫院是非營利性、免稅的，只按服務水平收費，收入用於醫院的生存和發展。公立醫院的醫生收入通常不是很高，其絕大部分收入來自國家的撥款。

私立醫院則分為兩種，一種是非營利性但不屬於政府的 NGO，這類醫院主要是各種慈善機構等組織成立的，作為對公立醫院的補充。另外一種則是營利性私立醫院，這類醫院收費較高，但水平一般也很高，以專科醫院為主。在私立醫院工作的醫生，一般薪水很高。

公立醫院基本滿足美國低收入階層的最低保障，私立醫院除了提供美國公民基本醫療服務以外，還提供比較高端的醫療服務。兩者配合，形成了美國整體醫療制度。

有醫療保險的人，看病的絕大部分開銷都由醫療保險公司承擔，自己僅需支付其中一部分。沒有買醫療保險的人，也不是說就不能看病。遇到大病、重病、急診，美國各大城市只要設立了急診部門的醫院都是必須收的，也必須治療，法律規定

必須如此。

1986年，美國規定凡參加「醫療保健」計劃的醫院，必須對急診病人進行基本的醫療檢查，必須對患有急診病症者給予治療並穩定病情，一般必須在穩定急診病症後才能讓病人轉院或離開。治完之後，如果病人無法支付治療費用，可以有很多方法解決。第一可以分期付款，第二可以盡量減免，第三實在沒什麼錢也可以申請救濟和援助，第四真的一文不名就不用給了，但是個人信用可能會因此受影響。這些錢並不由醫院承擔而是由美國政府承擔。有些醫院一年要政府補貼1.5億美元左右，單贈送給低收入的病人的眼藥水，一年就要100萬美元。

美國20世紀80年代開始實行「超額服務醫院」項目，以報銷醫院為治療無法支付醫療費的病人而發生的費用，這種安排無疑有助於解決醫院見死不救的行為。美國政府的財政赤字很大一部分就來自於醫療，當然，這筆錢主要轉嫁到了美國的富人和中產階級頭上，因為低收入階層是沒錢的。美國的富人經常也做一些公益捐款，比如比爾·蓋茨經常做慈善，其中大部分都捐在醫療上面。

美國的醫院有治療診斷權，沒有賣藥權。也就是醫院只負責看病，患者買藥有另外的藥店、藥房。醫、藥根本就是分開的，所以完全談不上以藥養醫，也省去了中間保障的醫藥費用。美國醫生待遇較高。當醫生可謂是美國最難的職業。一個美國醫生，從上大學學醫開始到能夠獨立行醫，至少需要10年的時間。一般美國醫學院學生在學習期間都向銀行貸款，貸款30萬美元是普遍的。還要通過無數考試。即使成為醫生以後，也要定期參加各種考試。美國的醫生，每隔幾年就必須參加一次非常嚴格的資格考試，通不過的話，醫生資格就會被取消。而且一旦成為知名醫生，還需要定期搞出科研成果，競爭極為激烈。在美國，醫生這個行業沒有本領是很難生存的。就是因為門檻很高，所以美國醫生的數量並不多，全國僅有80多萬人。從業人員少，待遇就會高。美國醫生的收入遠高於國民平均水平。一些私立醫院醫生年薪超過30萬美元。如果一個醫生被禁止行

醫，則意味著他失去了基本的生存基礎，即使想改行也來不及了，所以，沒有醫生願意為了區區數百美元的紅包鋌而走險。

美國監督機制非常完善，一旦醫生收受患者大筆財物，很難逃過監控。美國目前的現金交易極少，基本通過轉帳刷卡形式。而醫生的帳戶大部分是被監控的，對每一筆收入，銀行都會進行監督，數額較大的來歷不明的錢均會被調查，並記入個人檔案，影響一個人的信譽。

美國醫學界有所謂的誠信檔案。有劣跡的醫生將被全美醫師協會打入黑名單，所有黑名單上的人，將不被美國境內的任何醫療機構聘用。

美國醫院全部都是預約制度，一個醫生一天只看幾個病人，每個病人都會享受到完善的診斷和治療。美國做得最好的可謂鄉鎮醫療，也就是家庭醫生。在美國，無論鄉鎮還是城市，每戶人家都有家庭醫生。這個家庭醫生一般負責某個社區，一個社區有多名這種醫生。人們生病時直接去家庭醫生處檢查。家庭醫生一般是綜合科的醫生，他們可以診斷和治療基本的、常見的小毛病，病人也可以就近在社區醫院住院護理。如果碰到他們無法解決的疾病，他們會幫忙轉到專業醫院或者大醫院去治療。家庭醫生一般都在患者家附近，所以看病的人基本就在家門口治病，不需要到處跑。

美國家庭醫生是美國醫生的中堅力量，也受過嚴格的醫學訓練。在全美80多萬醫生中，60多萬都是家庭醫生。目前家庭醫生的收入是各科醫生中最少的。

第四節　美國的養老保險

隨著人口的迅速老齡化，政府卻沒有能迅速解決現實的壓力與養老保障的矛盾。現在美國正面臨著嚴峻的養老問題。一份調查顯示，儘管美國經濟正在緩慢回暖，但絕大多數美國人對退休後的生活狀況仍表示極度擔憂。美國國家退休保障研究

所公布的調查結果顯示，55%的美國人擔心目前的經濟狀況會影響到他們退休後的生活，另有30%對於「是否有足夠的經濟能力應對退休」表示擔憂。此前有調查顯示，與上一輩人相比，大部分美國人退休後的財政狀況會面臨自羅斯福新政以來的首次惡化，並危及長期以來已經得到提高的老年人生活水平。發生經濟大蕭條後，為準備退休而焦慮的人數居高不下。調查的發起人表示，政策制定者需要改善國家的退休養老計劃。美國從1935年開始針對老年人逐步制定了較為完善的社會保障制度。然而近年來，美國經濟衰退使近40%的個人財富縮水、勞工長期失業、存款利息幾近於零。參議院衛生、教育、勞工和退休金委員會表示，美國面臨6.6萬億美元的退休儲蓄赤字。與此同時，經濟學家發現，大多數美國人退休時的經濟狀況可能不如上一代。人口迅速老齡化造成政府負債嚴重，致使美國退休者生活陷入「一代不如一代」的窘境。美國聯邦儲備委員會的數據顯示，30歲以上的美國勞工中，估計將有53%的人根本無法為退休做好準備。該數據遠高於2001年時的38%，更超過1989年時的30%。由於老年人債務問題日益嚴重，而醫保費用和養老金覆蓋面不斷縮小，越來越多的研究人員認為，老年人長期保持良好生活水平的狀態正面臨危險。事實上，80%的美國私營企業雇員擁有退休金固定提存計劃。但是研究發現，很多人不是提存太少，就是預支太多，或是理財策略錯誤，導致退休金計劃根本不夠養老。國際服務人員工會最近發布的一份報告顯示，黑人和拉丁裔工人退休後的生存情況尤其受到威脅。這些人無論是在房產數量、退休收入還是醫療支出方面都處於劣勢。目前，一些非政府組織正在呼籲聯邦政府為即將退休的人群設置新的退休救助。但這些聲音被國家長期債務的陰影所籠罩，債務的困擾讓許多政策制定者集中精力削減社會保障和退休福利，而不是增加。超過4/5的美國人更傾向於傳統的養老金，即向退休人員支付一定數目的退休金。美國人認為，許多專家指出，401k退休福利計劃和其他捐助項目更適用於頻繁跳槽的工人。但問題在於這些計劃的存款不夠，且經常用於

發放退休金以外的需求。同時，傳統退休金對於工齡較長的工人更加合算。這樣就導致矛盾滋生。

美國的養老保險分為三個部分，即聯邦退休金制度、私人年金計劃、個人退休金計劃。

聯邦退休金制度（社會養老保險）：為美國養老保障體系的第一支柱，是最基本的養老保險制度，始建於1935年，以當年美國國會通過的《社會保障法》為起點，以後不斷進行補充和修訂，其基本條款沿用至今。美國聯邦政府規定，職工退休年齡男、女都為65歲，同時必須納稅滿40個季度，才能享受相應待遇。養老保險費完全由雇主和雇員繳納，政府不予承擔。養老保險的費用，國家以徵收社會保障稅的方式籌集，由雇主和雇員按同一稅率繳納。雇員應繳納的數額，按照本人年薪的多少，採取分段辦法計算。年薪在5.5萬美元以下的部分，按照7.65%納稅，其中6.2%用於養老、遺屬和傷殘保險，1.45%用於65歲以上老人的醫療保險；年薪在5.5萬～13萬美元的部分，按照1.45%納稅，用於醫療保險；年薪在13萬美元以上的部分則不需要納稅。雇主按其雇員應繳納稅率納稅。所得每1美元稅金，其中73美分用於養老，19美分用於醫療，8美分用於傷殘保險。法律規定滿65歲可以享受全額養老金，同時，允許提前退休，但養老金減額發給，雇員最多可以提前到62歲退休，但每提前一個月退休，養老金將減發0.56%；年滿65歲後最多可再推遲5年退休，養老金將增發0.25%。年滿70歲以後退休者，養老金不再增加。聯邦退休金制度的替代率平均在50%左右。

私人年金計劃（私營退休養老保險）：為美國養老保障體系第二支柱，由各企業自願建立。美國政府向雇主提供稅收優惠措施以鼓勵雇主為雇員建立「私人年金計劃」。如企業從年營業額100萬美元中提取10萬美元作為雇員的「私人年金計劃」，這10萬美元可以免稅。在這種稅收優惠政策之下的「私人年金計劃」是美國聯邦退休制度的一個強有力的補充。目前全美有60%的雇員參加了私人年金計劃。「私人年金計劃」主要有兩類：第一類是確定待遇方式，即雇主對雇員允諾雇員退休後給

予多少退休金，並根據允諾由精算師計算確定每年儲存金額。大多數企業採取這種辦法。第二類是交費方式，即先確定交費多少，退休時按照累積金額（包括本金、利息、投資利潤等）確定退休金額，這類方式不需要退休金擔保公司擔保。

個人退休金計劃即個人儲蓄保險（個人養老保險）：為美國養老保障體系第三支柱，自願參加，儲蓄金一般個人出3/4，企業出1/4，聯邦政府通過免徵所得稅予以扶持和鼓勵。在儲存時不納稅，在支取時再納稅，也是一種延期納稅辦法。此項計劃的最高存款額為每年2,000美元，並且必須在每年的4月15日前存入。所存款項連同利息在退休後即可領取，也可繼續存入銀行，但到達70歲時必須領用。年薪超過一定數額的，不能參加這項計劃。具體標準是：未婚者年薪超過3.5萬美元，已婚者年薪超過5萬美元，均不能參加這項計劃。

美國的養老金體系曾經犯了較大的錯誤，其根本原因在於雇員和雇主對於大企業長期生存能力的過分樂觀和政治家的失誤。二戰結束時，美國勞工聯合會做出了一個決定：他們將不再推動由政府強制執行的全國範圍內的社會保障計劃，而是促成大型壟斷企業建立養老金體系。在通用汽車、美國鋼鐵等這樣的大企業中，工人們已經高度公司化了，他們的養老金和退休金將依賴於其雇主的盈利能力。現在看來這明顯是一個錯誤，於是自20世紀80年代開始，美國開始建立一個新的制度，即由政府提供補貼和優惠，而由雇員和雇主籌資的私人養老金體系。但是仍有很多人在這方面的投資不明智。比如，安然公司的雇員用此資金購買了安然股票，當安然倒閉後，他們不僅失去了工作，養老的錢也沒了。現在已經有了一些改革方案，提出了一個計劃，試圖通過巨大的稅收優惠和其他改革措施來提高私人養老金帳戶的吸引力，而且讓個人更加謹慎地投資，避免類似安然事件再次發生。

人口老齡化在今後20年將是美國現行養老保險體系面臨的最大挑戰。目前，在「嬰兒潮」時期出生的美國居民多達7,900萬人，這一群體對養老金體系貢獻最大，當他們陸續步入

退休年齡後，美國社會養老保險提供了基本生活保障，而非強制性的企業養老保險則為老年人生活質量的提高做出了貢獻。它是美國退休人口獲得高質量生活的主要原因。

美國養老保險政策的問題：①對經濟波動較為敏感。②易受大企業財務狀況拖累。③企業養老金自我投資使風險倍增。④投資風險轉嫁給了員工。⑤政府的作用不明顯。

美國養老保險政策的優點：①社會保障機制比較完善，管理高度統一，約束力強。②使用法律和經濟雙重手段調控退休年齡，力度大，效果好。③基本養老待遇替代率控制在較低的水平，有利於多層次保障的發展。④充分利用高新技術，社會化程度高。

內容回顧：

本章運用理性主義模型闡釋美國作為福利國家的非理性問題。美國社會福利政策的發展大致分為四個階段，但對於福利項目的支出歷來存在著兩難爭議。主要內容是從社會福利保障、貧困問題、醫療保險和養老保險等方面闡釋美國社會福利制度。

學習本章，應重點掌握下列幾個知識點：社會福利保障、貧困問題、醫療保險、養老保險。

復習思考題：

一、選擇題

1. 下列福利項目中（　　）項不屬於福利改革中哈佛社會學家大衛·埃爾伍德（David Ellwood）所解釋的。

　　A.「社會保障資金支付給所有符合條件的退休人員，而不管他們的其他收入怎樣，因此這絕不是基於家計調查而實行的。」

　　B.「我們想幫助那些生活不濟的人，但是在這樣做的時候，又好像貶低了那些努力奮鬥以擺脫困境的人們

的價值。」

C.「我們想為那些低收入者提供財政補助，但如果這樣做，就會減少他們的壓力和工作的動力。我們想幫助那些不能自立的人，但是我們又擔心人們將不再願意自強生活。」

D.「我們承認單親家庭的不安全，但是如果幫助他們，又好像助長或支持了這種家庭的形成。」

2. 2010年3月，歐巴馬推動的《患者保護與平價醫療法案》通過，簡稱為「歐巴馬醫改」，是美國社會保障體系45年來的最大變革，將對個人、企業和政府產生深遠影響。其醫療保障體系改革的目標不包括下列（　　）項。

　　A. 擴大醫療保險覆蓋面

　　B. 降低成本，提高效率

　　C. 實現「全民醫保」

　　D. 加強私營保險機構的壟斷地位

3. 下列福利項目中（　　）項不屬於美國20世紀30年代的「羅斯福新政」。

　　A. Social Security（社會保障）

　　B. Unemployment Compensation（失業補償）

　　C. Supplemental Security Income, SSI（補充性保障收入）

　　D. Food Stamps（食品券）

4. 林登·B. 約翰遜（Lyndon B. Johnson）總統實行的「偉大社會」包括給失業者或貧民食品券、醫療保險、醫療補助，屬於下列（　　）階段。

　　A. 第一階段：美國建國之初到20世紀30年代

　　B. 第二階段：20世紀30年代到60年代

　　C. 第三階段：20世紀60年代到90年代中期

　　D. 第四階段：1996年至今

5. 1996年克林頓政府頒布了《福利改革法案》，這次改革是美國福利政策的一個轉折點，新政策的目的不包括下列（　　）項。

A. 通過就業鼓勵個人承擔責任
B. 減少非婚子女的出生
C. 加強婚姻關係
D. 保護弱勢群體

答案： 1. A 2. D 3. D 4. C 5. D

二、思考題

美國現行的社會福利制度是在1936年《社會安全法案》實行之后逐步完善起來的。《社會安全法案》包含如聯邦社會保險、事業補助金、公共援助金、孕婦與兒童福利等。除了《社會安全法案》所包括的上述福利政策之外，美國還有很多涉及生活、工作各個方面的社會福利，比較常見的有工作保險、生活補助、醫療補助等。請根據你從《美國社會的公共政策》所學習到的知識談談美國社會福利制度的利與弊。

三、案例分析

歐巴馬政府的「健康美國計劃」

天價醫療費用——醫療體系私有化、壟斷化導致醫藥定價缺乏透明度

「美國是個『病不起』的國家。」據統計，美國年人均醫療費用8,600美元，是其他發達國家的2倍左右。美國醫院收費高的原因在於其醫療體系私有化、壟斷化導致醫藥定價缺乏透明度。

全美護士聯合工會（NNU）最新公布的資料顯示，美國部分醫院向病患收取的費用，比實際治療成本高出10倍。

市場化導向在美國醫療體系中被過分強調。在創收與發展利益的驅使下，名義上是非營利性質的醫院，實際上是全美最賺錢的機構。2010年安德森癌症中心的營業額達20.5億美元，利潤5.31億美元，高達26%的利潤率可謂服務型企業的奇跡。NNU公布的資料表明，過去近20年裡，美國醫院收費一直呈上

漲趨勢。蘭德公司統計，過去10年，美國家庭平均月收入增加近2,000美元，其中40%用於日益昂貴的醫療花費。

1/8人口「裸險」——缺乏穩定保障，78%的個人破產緣於付不起醫療帳單

「看病貴不貴，關鍵在保費。」觀察美國人看病貴不貴，還應看美國的醫療保障水平。

邁克曾受雇於紐約一家大公司，那時公司給他全家購買了醫療保險。後來他工作變動，來到一家剛成立的小公司。由於該公司不能為其全家提供醫療保險，邁克的妻子只好自費投保，可是保險公司均以他們6歲的兒子患有多動症為由拒保。儘管也有政府專為兒童提供的醫療救助，但邁克的收入水平高於申請標準而無法獲得。為了維持兒子的藥物治療，他們每個月要掏300美元的醫藥費，再加每次150美元的醫生問診費。

「美國多數公司及政府機構都為員工及其家人購買醫療保險，但在歐巴馬醫改前這只是公司福利，不是法律要求，因此一些小企業出於成本考慮並不提供。」家住紐約長島的曾志雄介紹說，在高度市場化的醫療體制下，美國保險公司為了規避風險，在接受個人投保前，通常先對參保人的收入水平、身體狀況等進行評估，若覺得這筆生意劃不來，就會拒保或者開出「天價」保金。

如果付不起這筆保費，又沒有邁克那樣的支付能力，患者就只能坐以待斃嗎？

歐巴馬的「健康美國計劃」

正是在這樣的背景下，歐巴馬在2008年競選時就承諾，一旦當選，首要任務就是徹底改革美國的醫療體系，有效控制不斷上升的醫保費用。2010年3月23日，美國總統歐巴馬在白宮簽署了《醫療保險改革法案》，是歐巴馬執政以來最重要的立法成果之一，被稱為美國社會保障體系45年來的最大變革，將對個人、企業和政府產生深遠影響。然而同時該法案也是歐巴馬執政以來最有爭議的一項。美國民眾在醫改問題上也存在嚴重分歧，《紐約時報》與哥倫比亞廣播公司2012年3月26日公布

的民意調查顯示，47%的人支持醫改，36%的人反對醫改。

根據歐巴馬政府的「健康美國計劃」，其醫療保障體系改革的目標主要有兩個：

一是擴大醫療保險覆蓋面。具體來說，第一，擴大 Medicaid（醫療補助）計劃和 SCHIP（擴大州兒童健保）計劃，把更多的窮人納入醫療保障的安全網，把更多的兒童從私人健保納入政府主持的健保。第二，要求大中型企業必須給職工購買醫療保險，對不願意向雇員提供健康保險的大中型企業課稅。第三，政府對小企業為職工提供醫療保險給予補助。在這一計劃下，小企業為其員工參保費用的 50%將以退稅的形式返還。第四，由政府出面提供一套醫療保險計劃，實現全國保險交換，允許民眾從國有或私有公司中自由轉換或購買保險，從而幫助沒有醫保或想更換醫療保險的個人購買新的負擔得起的醫療保險。第五，加強對保險業的監管，不允許它們因為健康因素而拒絕客戶或提高保費。

二是降低成本，提高效率。具體來說，第一，推廣標準化的電子醫療信息系統，在不影響醫療服務質量的前提下減少醫療保健成本。第二，確保醫療機構為患者提供盡可能好的醫療服務，包括預防疾病和慢性病管理服務。第三，改革市場結構以促進競爭。在美國家庭支付飆升的保費時醫藥和保險業卻收益頗豐，將通過增加保險和醫藥市場競爭來解決這一問題。第四，聯邦為雇主提供再保險，降低災難性疾病醫療費用。當災難性醫療費用達到一定標準時，由政府提供一部分補助，但雇主要保證將這些補助用在降低員工保費上。

自 2013 年 10 月啟動醫改登記以來，許多美國人依靠政府補貼，生平第一次買到了醫療保險。應該說，歐巴馬醫改本質上是一項擴大社會福利的「良政」。然而，從出抬到實施，該法案一直飽受爭議，阻力重重。不僅共和黨始終不遺餘力地阻撓,就連民主黨陣營的大產業工會也表示了不滿。

思考：

歐巴馬醫改的目標之一是實現「全民醫保」，但在實施的時

候遇到了諸多困難。請你談談對奧氏醫改的認識。

第五章
美國的教育政策

第一節　美國教育政策的歷史演變

教育的移植階段

（1）17世紀至獨立前是殖民地時期，這個時期的教育基本上是對宗主國教育模式的移植。

移民們按照自己的意願辦學，在不同的移民區有不同的教育模式。

（2）宗教的目的就是教育的目的，各教派辦自己的學校，為本教派服務，是這個時期教育的另一個重要特點。

（3）「上學與不上學的人的區別就是階級的區別。」這是人們對教育的態度。

獨立戰爭時期的教育政策

（1）「受教育是每個公民的權利。」這是政府的法律。

（2）1791年，美國《憲法修正案》中規定：凡是憲法未授予合眾政府行使或禁止各州政府行使的各種權力，一律保留給政府或保留給人民行使之。而教育就在這種未授予也未禁止的由各州保留的權力之列。由此，各州便開始了發展本地教育的新探索。

（3）19世紀20年代，全美掀起了一場轟轟烈烈的公立學校運動。公立學校的基本含義包括：①共同性；②公共性；③平等性；④國家性；⑤以稅收為支撐的免費性。

面向21世紀的教育綱領：《普及科學：美國2061年計劃》

為了使今天的兒童可以成功地適應2061年世界在各方面所發生的巨大變化，美國教育界提出了從20世紀80年代中期到21世紀初在基礎教育的科學、數學和技術領域進行改革和革新的宏大設想。

美國高等教育系統的顯著特點

美國的高等教育體制獨樹一幟，與其他國家有很大的不同。這與美國政治上的極度分權有很大的關係。總的來說，美國高等教育系統有八大特徵：

1. 聯邦制

美國是典型的分權制國家。美國國會規定，只要各州不違反憲法的總原則，凡是憲法中沒有提到的具體事務都由各州自行決定，聯邦政府不予干涉。教育就是憲法中沒有明文規定的領域，因此，美國的教育事業包括高等教育均由各州主持。故而有一種說法：美國沒有「國立大學」。

雖然政府是大學經費的主要提供者，但是其並不干預學校的各項事務，比如大學的入學標準、招生、學位的授予條件、教師資格的確認、學生後勤管理等。

美國也有教育部，但是，其權力和功能不同於其他國家的教育部，它只是教育經費的提供者之一。

2. 龐大的私立高校系統

美國最享有盛譽的高校大多是私立高校，像哈佛、耶魯等。在美國，最好的和最差的大學都是私立的，這是美國高等教育系統中的一個特點。美國雖然也有公立高校，但是私立高校大多歷史悠久，師資雄厚，教育質量過硬。而且與公立高校相比，私立高校更能滿足民眾的需求，所以大多數人還是願意選擇進

入私立高校，接受一流的教育。

值得注意的一點是，私立高校學費高昂。私立高校經費多由私人捐贈，如康乃爾大學、霍普金斯大學等，這種傳統的資金籌措方式對私立高校的建立和發展起到了重要作用。

3. 行外人士組成的董事會掌握高校管理權

與英國的牛津、劍橋模式校長治校、學者治學不同，美國高校的管理權大多掌控在校董事會手中。校董事會的組成人員，往往不是精通教育的教育專家，也不是精通管理的管理專家，而是一群「外行」。他們多為學校的創立者或繼承者，或是其他專業出身，如律師、金融家、政治家、企業家甚至醫生等。出現這種現象的原因，一是中央政府的主要職責不在於此，而且中央政府管理精力和能力有限，得不到公眾的信任；二是從公眾中產生的各領域的社會名流作為學校管理者，既可以有效地保障學校經費來源，又能使學校不受過多外界壓力而獨立發展以滿足社會需求；三是排除了由教師或教育專家來管理學校導致的學校學術發展與其他各項利益產生衝突的可能性，從而使得他們可以在全局的立場上考慮公眾利益。需要說明的是，這些外行管理者通常身兼數職，這也為學校籌措資金開拓了渠道。

在選擇董事會成員方面，公立高校與私立高校也有不同之處。公立高校的董事會成員由公眾選出，也就是大部分由州政府或鎮長選出其人選，代表他們的利益；私立高校則是由董事會已有成員選擇新成員。董事會對學術事務干涉較少，只把握大政方針，具體事務就是教授們的事了。

4. 學校經費來自於非政府部門或稅收

在歐洲許多國家，教育是免費的。而在美國，教育屬於私人產品性質的觀念已經根深蒂固。美國家庭要為孩子支付高昂的學費，私立高校尤其如此。哈佛大學的學費為每年 11,000～12,000 美元，公立高校則相對低廉，如紐約州立大學為每年 8,000 美元左右。近來美國公立高校的學費也有上漲的趨勢。因為對於學校來說，許多因素都是不確定的。州政府每年的撥款要視本州經濟而定；私人捐贈更不確定，有無捐贈以及捐贈數

額都是未知數。只有學生每年繳納的學費是最確定的,學校要保證自身運作與發展,學費是最起碼的保障。

5. 對公眾和國家的利益及需求反應迅速

美國高等學校的營運一直都貫徹著市場模式。學校就是一個企業,學生就是它的顧客,學生向學校支付了學費,那麼學校就必須給予學生需要的東西,比如滿足學生的興趣愛好,開設對他們以後就業有幫助的課程,培養學生於社會有用的知識技能,如此便形成一個良性循環:得到經費(學費)、社會捐贈──→給予學生需要的知識──→學生服務於社會──→學校可持續發展。

除此之外,學校還需關注潛在的捐贈者比如尚未進入學校的那些學生及其父母。因為如果他們相信學校可以高質量地滿足他們的需要與利益,那麼他們就是廣大的學校生源隊伍或捐贈者。

通常,學校會派教師去一些企事業單位給員工上課,傳授他們所需要的知識。這樣做,一是可以得到報酬;二是促進學校教育與實踐結合,與社會緊密聯繫;三是提高員工素質,促進企業發展,創造更大的經濟效益,從而增加稅收;四是獲得更多捐贈。可以說,整個20世紀,美國的高校吸納了更多的學生,更多地關注學生的職業興趣,對公眾利益的反應更加迅速和到位,從而獲得了更多的資金投入。這也是一種良性循環。

6. 學術課程模式化

美國的高等教育有著開放的入學機會,著眼於學生的興趣和職業需要,實行累積學分制等,這些都與美國高等教育的市場化緊密相連。所謂累積學分制,是指一個學生可以從一所學校轉入另一所學校,其在前一所大學裡修的學分在其他大學仍然有效,在多所大學裡修的學分累積起來,只要總學分達到必修學分即可。

美國很多大學生為了修滿學分,常常是先後在兩個甚至幾個學校學習。美國高等教育比較重視通識教育,即語言、人文、自然科學等方面的教育,每個入學新生都必須接受這些方面的

教育，否則不能進行下一步的專業學習。所以，完成學業必修的學分中通常有1/4是通過這些通識課程獲得的，而每個學校開設的諸如此類課程都是一樣的，這為實行累積學分制打下了基礎。一般來說，學生選擇轉校的原因有：一是專業興趣中途發生變化；二是現實條件的限制，如性別、地域、不同學校的入學標準、畢業條件等。

第二節　美國的教育體制

美國孩子在6~18歲時屬於中小學義務教育的部分。教育大概分為四個階段，分別是學前教育、小學、中學及高等教育。在高中畢業前屬於通才教育，到高等教育（學院、大學和研究所）才分為職業教育和一般教育。美國學制沒有學力測驗、大學聯考，學生憑著在校成績及SAT/ACT分數，自行申請大學入學。和許多國家不同的是，美國沒有「國立大學」這種名稱，義務教育由州政府來承擔。在義務教育部分，只要你是合法居留人（持有綠卡），就有受義務教育的權利，且在美國受義務教育都是免費的，不必繳交學雜費、課本費。美國所有的中小學都為學生提供免費的課本，多數的課本是由上屆學生傳給下屆學生，一直到不能用為止。此外，還有些練習本、作業本也不用買，而是由學校發的。不過，學生要自己買鉛筆、橡皮擦、計算器，等等。

高等教育則分州立和私立兩種。州立大學——州民可以享受較低的學費，外州學生和國際學生的學費則較高。私立大學則不分州民或外地生，學費都是一樣的。此外，美國大學生在入學後前兩年，即大一、大二時修讀通識課程，到大三才會開始主修課程。另外，要攻讀醫科、法律等專業課程，要等大學念完畢業後，通過相關考試，才可申請。

初級教育

美國初級教育包含了托兒所和幼兒園（4~5 歲）以及小學（6~11 歲）階段。學齡前兒童沒有強制性的托兒所，不過有政府補助方案來資助低收入家庭的兒童，而大部分家庭需要自己支付托兒所的費用。

美國小學一般指學前一年級~小學五年級（幼兒園大班至小學），但有一部分小學提供教育到六年級，或是合併中學教育到八年級。大部分都採取班級制度，有班導師（相當於中國的班主任）制度，這位老師負責帶一個班大部分主要課程。學生除了午餐時間，或是上體育、音樂、美術課可能到體育館或特別教室上課以外，整天留在導師的教室內，並且沒有如東亞學校的固定的下課時間。但是在教室裡，導師可以給學生自由時間，有些教師會以自由時間的擁有或剝奪作為對學生行為的獎懲。另外在約 40% 的小學裡，每天會有一或二次、每次 10 分鐘或 20 分鐘的戶外活動時間。戶外活動時間次數與時間長短，每個學校不一定相同。

中學教育

美國中學教育包含 2 年的初中（12~14 歲）和 4 年的高中（15~18 歲），從 9 年級~12 年級，學生年齡通常在 14~15 歲到 17~18 歲之間。順利完成 12 年級的學業，就可以拿到高中文憑了。

此外，未獲得高中文憑的學生可以參加一般教育發展（GED）測試，獲得證明其高中水平學業能力的證書。

大學教育

美國大學教育，通常分為四年制大學和社區大學。四年制大學的學生念完四年後將可以拿到學士學位，而社區大學通常是念兩年，讀完後可以拿到副學士學位。

研究所教育

美國研究所教育提供碩士學位、博士學位和專業學位,課程包含了碩士課程、碩士後高等教育課程、研究型學位和專業型學位(如醫學、法學等)。碩士學位大約是 1～2 年的修業時間,其他學位可能就不一定,要看各個學校和科系的規定。

下面是美國教育體制表:

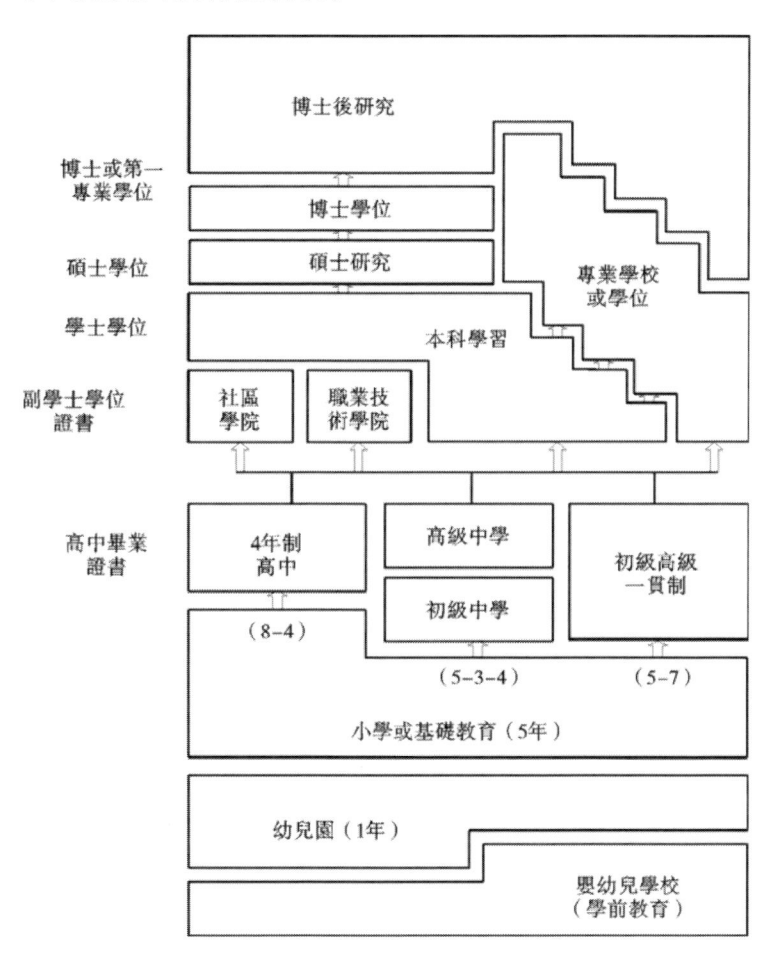

```
博士或第一
專業學位          博士後研究
                  ┌─────────────┐
                  │  博士學位   │
碩士學位          ├─────────────┤   專業學校
                  │  碩士研究   │   或學位
學士學位          ├─────────────┼──────────
                  │  本科學習   │
副學士學位    ┌────────┬────────┤
證書          │社區    │職業技  │
              │學院    │術學院  │
高中畢業      ├────────┼────────┼──────────
證書          │4年制   │高級中學│初級高級
              │高中    ├────────┤一貫制
              │        │初級中學│
              │(8-4)   │(5-3-4) │(5-7)
              └────────┴────────┴──────────
              小學或基礎教育(5年)

              幼兒園(1年)
                              嬰幼兒學校
                              (學前教育)
```

教育行政體制

對於實施和管理教育事業,美國以州為主體負擔主要責任,地方承擔具體責任,聯邦具有廣泛影響。

1. 聯邦教育行政

美國聯邦教育行政管理機構是內閣級的聯邦教育部，由原教育總署升格而成。聯邦教育部下設 14 個職能機構。教育部還設有若干顧問委員會，各顧問委員會的主要職責是向教育部提供制定、實施、檢評、修改有關教育計劃決策的建議，並且每年都要向部長和國會提交年度報告、總結和建議匯編。

2. 州教育行政

州政府的教育責權來自於州憲法，也來自於州立法機關和法院。它與聯邦教育部沒有直接的隸屬關係。

州教育委員會是州教育決策機關。它的職責是：對全州公立學校系統進行監督；依據有關法令確定州教育政策；在某些州還指派州教育專員，根據專員的推薦確定人員任免；批准由專員制定的預算；提供教育諮詢服務和教育資料；就本州的教育問題向州長和立法機關提出建議等。

州教育廳是州教育委員會的執行機構。州教育廳設廳長一人，副廳長若幹人。

3. 地方教育行政

學區是美國管理學校的最基本的教育行政單位。學區包括基層學區和中間學區兩種。

4. 高等教育行政

原則上各州擁有領導和管理高等教育的職權。但由於各州高等學校的類型、性質和傳統不同，決定了各州高等教育立法和州介入高等教育的程度也不同，大致可分為三種類型：州設立集中統一機構管理全州高等學校；按高等學校的類型和層次分類管理；州教育局只負責協調和監督，充分發揮各校獨立性。

以上所述只是三個不同的類型，事實上美國沒有兩所完全相同的大學，同樣，各州也沒有完全相同的高校管理體制。首先，高等學校的多樣化決定了管理體制的多樣化，從本州高校的實際出發，確立本州高校管理體制，不拘泥於某一種模式。其次，從州立大學系統到各個私立大學都實行董事會領導下的校長負責制。最後，董事會的成員大部分是教育界以外的各界

人士，如企業家、律師、醫生、家庭婦女、退休人員、州政府官員和學生代表，促使教育更好地適應社會各方面的需要。這些是美國高等教育的共同特點。

至於聯邦政府，雖然不負有領導全國高等教育事業的責任，但它仍通過多種途徑對高等教育的發展施加重大影響。

學制結構

1. 學制結構體系

美國各級各類教育在結構上相互銜接、上下溝通。按照法律的規定，美國公民不分男女、宗教信仰、民族、階級，也不論居住地點和年齡，都有平等的受教育機會，一生都可以選修正式課程或參加非正式課程。這是美國區別於其他歐洲國家教育制度的一個顯著特點，通常被稱為單軌制。

美國現行學制還體現了統一性與多樣性相結合的特點。由於實行徹底的教育分權制，美國沒有全國統一的學制。

美國現行學制基本上是：初等教育和中等教育12年，高等教育4年，加上研究生院教育，總計學程為20年左右。

2. 義務教育制度

美國的義務教育，有29個州從7歲開始，16個州從6歲開始，3個州從5歲開始。義務教育的年限，長則12年，短則8年，一般為9年，通常到16歲結束。美國50個州都規定中學和小學為免費教育。

3. 學位制度

美國的學位主要包括：副學士學位、學士學位、碩士學位、博士學位。

各級各類教育

1. 學前教育

美國學前教育機構種類繁多，不管是公立的還是私立的，大致可分為保育學校（招收3~5歲的兒童）與幼兒園（招收4~6歲兒童）兩類。

學前教育的宗旨在於：輔助家庭；通過各種活動，幫助兒童在飲食起居方面養成良好的習慣，使兒童能夠靈活自如地運用身體各部分，發展體育技能，瞭解社會生活的行為準則和道德觀念；學會一些讀寫算的基本常識，具有一定的表情達意、觀察、嘗試、思考和概括的能力，為兒童進入小學做好身心準備。

2. 初等教育

美國初等教育的機構為公立和私立小學。美國全國教育協會的「視導和課程編製學會」曾把小學教育宗旨概括為六條，具有廣泛影響。這六條是：

（1）增進兒童的身體健康和發展兒童的體格；
（2）增進兒童的心理健康和發展兒童的人格；
（3）發展兒童對社會和世界的科學認知；
（4）發展兒童有效地參與民主社會的技能；
（5）發展兒童的民主生活價值觀；
（6）發展兒童的創造能力。

小學開設的課程一般有：語文（閱讀、說話、拼寫、書法）、算術、社會（把歷史、地理、政治、社會學、心理學等科目綜合在一起）、科學（主要是自然常識）、美術和應用藝術、音樂、體育、衛生和勞作等。

美國小學德育工作，通常包括以下幾方面內容：

（1）行為規範教育；
（2）道德教育；
（3）公民教育；
（4）紀律教育。當兒童入學時，校方就將學校的紀律和校規向兒童和家長交代清楚，以便保證課堂紀律和校園秩序。

3. 中等教育

按照美國學制，中學主要有四年制、六年一貫制和三三制三種。美國的中學以綜合中學為主體，兼施普通教育和職業技術教育。也有單獨設立的普通中學、職業技術學校、特科中學和其他中學。

關於美國中學教育的宗旨，1918年美國中等教育改革委員會提出了「七大原則」：
（1）保持身心健康；
（2）掌握基本技能；
（3）成為家庭有效成員；
（4）養成就業知識和技能；
（5）勝任公民職責；
（6）善於利用閒暇時間；
（7）具有道德品質。

美國中等教育的實施一般圍繞中學的三項任務——教學、指導和服務來進行。

中學的課程分為兩類：一類是學術性科目，如英語、社會、理科、數學、外語、人文；另一類為非學術性科目，如衛生、體育、家政、音樂、美術、工藝等。

教學組織形式主要是分級制，也有其他分組辦法。

4. 職業技術教育

美國職業教育的對象根據1963年《職業教育法》劃為四大類：
（1）中學在校生。
（2）想接受職業教育的中學畢業生或肄業生。
（3）早已進入勞務市場——就業、待業或失業，為了保持現有的工作，改善他們的工作和（或）尋找合適的、有意義的職位而需要繼續培訓者。
（4）因學術、社會、經濟或其他方面的缺陷而難以在常規教育計劃中獲得成功者。

職業技術教育的宗旨在於把教學與科學原理、技巧和技術訓練結合在一起，幫助青年人或成年人找到工作或搞好他們現有的工作；同時給予受教育者以普通教養，使之成為了解經濟的、能社交的、熱情的、體質好的和文明的公民；還應對受教育者從事相應工作的能力、態度、習慣和判斷能力進行培養和鍛煉。

在課程設置上，文化課與職業課的比例以及理論課與實驗實習課的比例，視職業要求和學校類型而定。普遍重視實際訓練，把培養實踐技能放在首位。

5. 高等教育

美國高等學校的突出特點是數量多、層次多、類型多、形式多。

教育宗旨為每個人以及他人和社會的利益，幫助他們把能力發揮到最大程度；通過研究及學術成就擴展人類的知識和幸福；通過相應的和適應的服務，滿足社會的需要。

教育實施基本上是圍繞著教學、科研、服務三大任務進行的。

6. 師範教育

（1）教育機構。美國培養中小學教師的任務由文理學院、綜合大學和師範學院承擔，其數量約占高等院校總數的80%。承擔培養師資任務的文理學院和綜合大學，均設有教育學院或教育系。凡師資培養機構的創立和師範課程的開設，必須經有關部門承認，否則其畢業生就不能取得本州教育行政機關頒發的教師許可證。

（2）教育宗旨。美國師範教育的宗旨，在於使中小學師資具有：廣博紮實的文理基礎知識，較高的文化修養；深刻的學科專業知識，較高的學術水平；高尚的道德品質、理智的行為和堅定的專業信念；教育和教學的基本理論、方法和技能，具備實際教學能力；健全的體魄。有些院校還把瞭解和熱愛兒童、善於和樂於與他人合作和交往、具有民主觀念和獻身精神、行為文明和舉止端莊以及有效的口頭和書面表達能力等包括在宗旨之中。

（3）教育實施。課程設置是實施師範教育的中心環節。師範教育四年制本科課程有：普通教育課程，包括英語、社會科學、人文科學、數學和自然科學、保健和體育等方面的內容，在全部課程中占40%左右；學科專業課程是按照師範生畢業後擬任教的學科設置的，在初等教育專業和中等教育專業中都占

全部課程的 40%左右；教育專業課程，包括基礎教育理論課程（如教育基礎、教育導論、教育史、初等或中等教育原理等）、教育方法與技能課程（如教育心理學、發展心理學、教育評價與測量、教材教法、普通教學法、視聽教育等）、教育實踐活動（通常由臨床實踐、現場實踐和教育實習幾部分組成）。這類課程在全部課程中占 20%左右。教育實習在教育專業課程中地位突出，其學分數占這類課程學分總數的 1/3 以上。

（4）在職進修。在職進修是師範教育的有機組成部分，受到同樣的重視。由高等學校和專門的教師進修機構共同實施，承擔教師進修任務的高校占高校總數的 80%。在職進修的組織和形式是很多的，主要有：暑期學校（假期學校）、大學進修部（大學研修部）、教師講習所（教師研習會）、教師讀書會等。

20 世紀 80 年代教育改革的主要原因

進入 20 世紀 80 年代，美國社會由工業化社會向信息化社會發展，工業生產逐漸從以勞動密集型為主轉向以知識密集型為主。所有這些都要求工人接受高中以上的教育，具有較高的文化科學水平，以適應新技術革命的挑戰。同時，在國際競爭中，美國面臨著來自日本、聯邦德國等盟國的挑戰。美國朝野人士認為，競爭的實力來自於科技發展，而科技發展又依賴於教育。1983 年 4 月，美國高質量教育委員會發表《國家處於危機之中：教育改革勢在必行》的報告，指出「我們國家正處於危機之中。我們在商業、工業、科學和技術發明上一度處於無人匹敵的領先地位，但現在正被全世界競爭者超越」，這種危機的根源在於「經過訓練的能力在全球範圍的再分配」，而美國的教育明顯地落後於它的競爭對手。美國教育被越來越嚴重的成績平庸所困擾，表現為功能性文盲大量增生，教育質量持續下降，學校紀律渙散，學生犯罪率上升。報告認為這種教育成績平庸在很大程度上是教育過程本身存在的缺陷造成的，如課程設置龐雜，中學畢業要求低，學習時間短，師資水平差、數量短缺，教育經費不足，管理不善等，因此，必須全面改革美國教育。這份

報告的發表引起了全體美國人民的廣泛關注和討論，由此拉開了美國教育改革的序幕。

20 世紀 80 年代教育改革的主要措施

　　1. 改進中小學的教育質量

　　（1）調整課程結構，提高畢業標準，各州紛紛增加必修課的比例。

　　（2）增加學習日，延長學習時間。

　　（3）加強道德教育，整頓校紀校風。1989 年美國課程發展與管理協會提出加強學校道德教育的報告，指出：道德教育應與學校教育整體課程有機地聯繫，成為課程的必要組成部分；將父母、大眾傳媒、商業界、市民和宗教團體聯合起來，創造一個道德教育的「社會文化環境」；同時整頓學校生活，使道德實踐有利於培養學生正確的道德觀念；使道德教育超越認知領域，要讓學生參與道德實踐，對善惡做出自己的判斷；道德教育要注重培養學生的批判性思維和決策能力；為教師和管理者確立明確的道德教育目標，使其擔負起學校道德教育的責任；把道德教育納入師範教育計劃，保證未來的教師善於進行道德教育。

　　（4）重視創造力的培養。開設思維方法課、創造方法課和創造活動實踐課程。

　　2. 師範教育的改革

　　（1）建立全國性教師資格審查機構，以制定全國統一的、高質量的教師資格標準。

　　（2）要求所有教師必須經過研究生階段的培訓。

　　（3）培養一批優秀的、富有經驗的教師，負責重新建設學校和指導教師的工作。

　　（4）建立教育成績獎勵制度，獎金的發放以學生的成績為準。

　　（5）把教師工資提高到與律師、醫生、工程師相同的水平。

　　（6）大力培養少數民族教師。

（7）調整學校結構，以創造合適的環境。

（8）把取得文理學士作為任教的專業條件。

1987年5月，美國正式成立全國教師資格評審委員會，以保證教師的培養質量。

3. 高等教育的改革

（1）重新審定各級學位標準，這些標準應以社會和大學對課程學術水平的認定為基礎。

（2）大力提高課程質量，提高對能力和技能的要求。

（3）加強管理，使學生把時間、精力和金錢有效地用於學習，並致力於達到標準。

1986年11月，美國卡內基教學促進基金會發表《美國高等學校的本科教育》的報告，建議：

（1）密切大學和中學的聯繫。

（2）新生入學後應進行考核，凡基礎課程不合格的必須補課。

（3）明確辦學指導思想，即本科教育的主要任務是教學而不是科研。

（4）加強本科階段的綜合化核心課程的建設。

（5）所有大學應建立與「科研名教授」同等的「教學名教授」稱號，給予教學效果顯著的教師以特殊地位和待遇。

（6）評定學業成績應有一定的標準。

《不讓一個孩子掉隊法》

在美國，不同背景、不同種族兒童的學業成績相差巨大以及美國公立學校質量一直不高的問題長期困擾著美國政府。據專家估計，1998年在全美中學生中，有1,000萬學生不會基本的閱讀；2,500萬學生不知道美國最基本的歷史；美國高中生中有2,000萬人不會基本的計算。而且，在20世紀90年代經濟擴張時期，全球經濟中出現了新的巨大的挑戰。這要求美國的勞動力和與之相關的美國工商業界要做出新的調整。因此，在這嚴峻的社會和時代背景裡，美國總統喬治·布希(小布希)

上臺伊始便頒布了《不讓一個孩子掉隊法》(No Child Left Behind Act)。

《不讓一個孩子掉隊法》是美國總統喬治·W.布希提出的、旨在提高全美中小學教育質量，縮小不同背景、不同種族兒童學業成績差距的一項教育改革法案。作為布希政府的內政綱要的重點，該法案顯示了政府對教育改革的堅定決心。為了重塑民眾對公立學校的信心，美國政府從20世紀80年代開始先後提出了一系列教育改革法案，如：80年代的《國家處於危機之中：教育改革勢在必行》，1990年的《國家教育目標》，1994年的《美國中小學法案》，1999年的《全體兒童教育優異法案》以及《美國2000年教育目標》。《不讓一個孩子掉隊法》與這些法案一脈相承，在加強聯邦政府對教育的作用以及加大對教育改革計劃的資助力度方面顯得更為突出，顯示了布希政府對教育改革的堅定信念。同時它也清楚地表明了新世紀美國教育改革和發展的目標：每個孩子都應該接受良好的教育。也就是說，不允許任何一個孩子在學業上掉隊，每個孩子都必須學會學習。

美國政府為了支持該法案的實施，已經投入了幾十億美元，在2007年的國情咨文中，小布希總統再一次強調要加快落實《不讓一個孩子掉隊法》。

該法案在提高公立中學學生學業成績尤其是在促進少數族群學生學習進步方面成效顯著。聯邦政府下決心提高中小學教育質量，增強美國兒童應對挑戰的核心理念已深入人心。不過，此法案也遭到了社會的許多質疑和反對，因為該法案只強調數學、英語和科學的重要性，忽略了其他學科。

2002年1月8日美國總統布希簽署《不讓一個孩子掉隊法》，標誌著美國新一輪的教育改革的開始。這部法案的頒布從法律形式上規定了學校必須提高教育質量，改進教學方法，並為各州和學區的教育提供更多的自由，為家長提供更多的選擇。法案規定各州必須建立可以測量的教學標準並以統一開始的方式對學生的成績進行跟蹤，教師、校長、學校和學區必須為提高學生的成績負責，從而改善整個國家的教育質量。這也標誌

著教育績效責任制發展到了前所未有的高度。教育績效責任制的核心主要是三個方面：標準、評估、獎懲與干預。具體而言，學校首先要界定應該教給學生的知識、技能等能力水平的標準；其次是對學校的各項工作進程和結果做出評估，判定是否合格，是否需要改進；最後由政府獎勵有成效的學校、老師和學生，懲罰沒有達到目標的成員，並施加干預以促使其改變行為，改善績效。為推進法案的順利實施，聯邦政府加大了教育撥款力度，在為各州提供基本教育資助的同時，不斷加強專項基金的補助，為教師培訓和新教學方法的研究等提供資金支持。

各州政府也表示，願意支持那些沒有達到《不讓一個孩子掉隊法》教育要求的學校。結果，目前有 36 個州計劃為低效的或者進步不大的學校提供幫助。堅持為低效學校提供幫助的州逐漸增加，從 2002—2003 學年的 22 個州和哥倫比亞行政區增加到了 2003—2004 學年的 27 個州。而對有改善的或者高效的學校提供資助的州卻減少了，從 2001—2002 學年的 20 個州減少到了 2002—2003 年的 16 個州，部分原因是因為經濟不景氣。

美國基礎教育政策的制定與實施，旨在解決基礎教育的現實問題如政府職責問題、課程問題、教師問題、教育機會均等問題、評價問題等，其最終目的是實現「人人享有優質教育」「保障教育機會均等，提高教育質量」的目標和理念。公平、效率、優異和選擇的公共價值取向深深地扎根於美國的教育政策中。從《不讓一個孩子掉隊法》到《力爭上游計劃》是小布希政府和歐巴馬政府時期最為典型的教育政策。這兩個教育政策的實施也是共和黨和民主黨多年來妥協、博弈的結果。《不讓一個孩子掉隊法》突出了對於「優異」的偏好，忽視了「公平」的價值觀；《力爭上游計劃》則是通過最大的財政撥款制度提升學校的效率和基於市場邏輯的價值選擇。總體來說，美國不同時期教育政策的出發點都是公平和效率。《不讓一個孩子掉隊法》和《力爭上游計劃》都顯示了美國政府對於教育的影響力在不斷加強，導致了學校治理結構的變化。其中，公共價值取向對於教育政策的制定產生了重要的影響。

第三節　美國的初等教育

　　美國初等教育主要由三級政府：聯邦政府、州政府和地方政府（學區）控制和資助。小學和中學，課程、資金、教學和其他政策都由當地選舉產生的學區委員會決定。學區通常根據官員和預算與其他地方事務分開。教育標準和測驗標準通常由州政府制定。

　　在美國，教育管理是州或地方政府的責任，而非聯邦政府。不過，聯邦政府教育部可以通過控制教育基金來施加一定程度的影響。學生有法定義務在公立學校接受從幼兒園到12年級的教育；通常，18歲才可以畢業，但是許多州允許16歲以上的學生離校。除了上公立學校，家長也可以選擇在家教育孩子，或送他們去教會學校或私立學校。高中畢業後，學生們可以選擇上公立或私立大學。在美國，16~18歲之前必須在學校就讀。現在許多州要求必須就讀到18歲。有些州規定必須就讀到14歲。學生可以進入公立學校、私立學校或家庭學校就讀。在多數公立和私立學校，教育分為3級水平：小學、初中和高中。美國有7,660萬學生在16個年級就讀。其中，在義務教育階段，有520萬人（10.4%）在私立學校就讀。在美國成年人口中，有85%中學畢業，27%獲得學士學位以上學位。該國15歲以上人口的識字率為98%。美國的平均教育水準極高，聯合國的經濟指數調查將美國的教育水準列為世界第一。

第四節　美國的高等教育

美國高等教育的背景

殖民地時期，美國大學的特點就是它的管理權在校外，由校外人士組成的校監委員控制學校。美國的高等教育發軔於1636年成立於馬薩諸塞州的哈佛學院，隨後建立起九所學院，一起構成殖民地學院。美國高等教育的模式，受到不同歷史力量的影響（西歐和本土），兩者相互作用，使落腳在這片新生土地上的人們受到傳統和民主思想的雙重碰擊，萌發出一種真正有特色的高等教育制度。

美國高等教育的定義

美國高等教育泛指美國高中生在畢業後所接受的各種教育。這些教育由不同類型的大專院校提供。美國很多大學也有很濃厚的研究氣氛及不同的教研成果，故每年都吸引了不少國際師生前來工作或求學。全美高等院校種類繁多，公立大學、私立大學、文理學院及社區學院各擔當不同的角色。網上教育（如大規模開放在線課堂）、職業訓練課程、學費問題，成為美國高等教育的熱門話題。

美國高等教育的類型

第一類為研究院大學。它們以基礎性、學術性研究著稱，設有龐大的研究生院，能授予博士學位，有450所以上，其中最著名的有哈佛大學、普林斯頓大學、斯坦福大學、麻省理工學院、加州理工大學、霍普金斯大學、加州大學伯克利分校、康乃爾大學等20多所。在這些大學的周圍，形成了一個個集教學、科研、開發和新興工業為一體的高新技術產業中心，如美國東部的波士頓—劍橋—128公路中心、西部的「硅谷」中心、

南部的航天中心等，密切了教學與生產的聯繫。教學與生產互相滲透、互相融通，形成合力，使創新思維—科研成果—新產業新產品三者的轉換鏈非常暢通，高效地轉化為高經濟效益，成為新的經濟增長點，進而推動整個社會產業經濟結構的更新換代。

第二類為本科大學。它們是以 4 年制為主的綜合大學及學院，如文理學院、理工學院、工商管理學院、林業、礦業、農業、新聞、建築、家政等學院，多為州立大學，培養目標為中級科技、學術及專業人才，學生修滿 4 年即被授予學士學位。這類大學超過 1,600 所。

第三類為社區學院。它包括 2 年制的普及學院和技術專科學院，招收高中畢業生中成績一般和同等學力的學生，畢業時授予學士（副學士）學位。1995 年全美有 1,462 所（其中私立 415 所），占全國高校總數的 40%。在校人數 549.3 萬，占高校總人數的 38.5%。社區學院的任務除為社會各行業對口培養專業熟練的勞動技工與職員外，還為那些想繼續升入本科大學的學生架起一道橋樑，可考入本科大學三年級續讀。

第四類為開放大學，也稱為「無牆大學」，包括廣播函授大學、暑期大學、夜間或業餘大學、實驗大學、自由大學等，使大學向社會各階層、各年齡層次敞開大門，經標準考試及格者均可獲得相應學位。

美國實行學分制，教師在每學期開始時給學生布置大量的閱讀書目和材料，培養學生自學和學術研究能力，在此基礎上爭取獲得每科 6~18 個學分。四年制的本科生要想獲得學士學位，必須按規定修滿 120~128 個學分，通過考試和撰寫學位論文，合格後才能獲得學位。此外，美國高等院校規定，大學畢業獲得學士學位後才有資格繼續攻讀碩士學位。學位體制採用五級制，即：副學士、學士、碩士、博士、第一專業學位。其中，碩士學位分為兩種：一種必須撰寫學位論文，另一種不要求寫論文，但對學分有更高的要求，同時還要進行口試和筆試。碩士學位學制通常為 2 年，博士學位學制為 2~3 年。博士研究

生由幾名專家和教授組成的指導小組負責指導，專業考試合格並通過博士論文答辯後即可獲得學位。美國奉行的教育模式極大地激發了美國大學生的無限潛力，學生既能做自己喜歡做的事，也能與教授一同研究相關課題。這種以自學為主的模式更好地激發了人的創造潛力。

美國非常重視各類大學的定位，政府對公立大學一般也都有明確的定位要求，甚至通過立法來加以規定。大學一旦定位明確後，就成為教職工、學生共同追求的目標。大學追求辦學特色，追求學校、學科、專業及培養人才的個性，追求與其他學校的差異，努力打造自身的社會品牌形象。在不同學校之間，形成分工明確、競爭有序、合作共贏的高等教育體系。

美國教育系統

完善的教育系統給更多的美國人提供了受教育的機會，高等教育的普及也賦予了更多的美國公民受教育的權利。多種高等教育方式，讓美國公民擁有更多的選擇空間，高等教育不再是「象牙塔」，而是更加具有職業傾向。

美國高等教育政策的問題

美國高等教育的「多樣化」產生了一系列問題。不同文化傳統的大學生如何相互交流，美國高等教育中的種族問題，不同文化的差異性，高額的學習費用，等等，一直是美國高等教育中存在的問題。

美國高等教育領域中的利益團體對高等教育的發展所產生的影響問題。美國公立高等教育領域主要有以下幾個利益團體：董事、校長、教職員工、公會團體、學生。

（1）專業教育團體和教師聯合會長期在華盛頓進行遊說，爭取聯邦增加對教育的財政支持。

（2）近幾年，公民群體、家長、納稅人和雇主紛紛發起了讓學校迴歸基礎教育的運動，強調閱讀、寫作能力和數學能力，要求對學生技能進行經常性的測試以及提高教師的職業能力。

（3）學生團體更加關注公立學校和私立學校不斷增長的學費，爭取學校的補助。而學校方面，目前公立大學和私立大學在爭取畢業生和慈善基金會的經費上進行著激烈的競爭。

各高等教育利益團體對高等教育政策的發展產生了至關重要的影響，各利益團體在爭取各自利益的同時，間接地促進了高等教育政策更加平等化，教育政策與利益團體的衝突也表明美國高等教育還不夠完善，還需要更多的修正以及發展。

美國高等教育中有關宗教的問題，以及《憲法第一修正案》中「禁止確立宗教」條款認為應該在州和教會之間建立「隔離牆」的爭論。宗教團體、私立學校的利益集團和公立學校的維護者經常就教育領域的宗教問題展開鬥爭。

美國針對高等教育的主要政策

1. 主要針對高等教育「多樣化」的法律

（1）美國《憲法第十四修正案》提到「所有的州……不能否認任何人都受到法律的平等保護」。

（2）《民權法案》第六條規定，實行聯邦財政資助時，禁止基於種族、膚色和出生地的各種歧視。

多種法令的頒布，在一定程度上緩解了種族歧視問題，但在一些教育相對薄弱的地區，仍存在較為嚴重的種族歧視。高額的學費也是限制一些黑人以及外國留學生就學的一個原因。但目前隨著亞裔留學生大量進入美國大學學習，以及美國歧視黑人問題的緩和，大多數州已經逐漸頒布法令，對留學生進行經濟支持。

2. 美國針對高等教育中宗教問題的政策

《憲法第一修正案》中有「禁止確立宗教」條款。這個法令也是各宗教團體主要爭論的問題，而公立學校便是這些爭論的主要場所。美國最高法院作為教育集團和宗教團體的仲裁者，必須對《憲法第一修正案》的「禁止確立宗教」做出解釋，以此來緩和教育集團和宗教團體間的衝突。

3. 1862 年《莫里爾法》

它是美國高等教育史上的第一個法案，也稱《贈地法案》。聯邦政府撥地給各州，以建立農工學院發展農業技術教育，或是通過土地租金發展學院。贈地學院比較偏重於應用學科的教育，培養農業、商業、工業以及日常實際生活技能和技術的實用型人才。而且，農工學院的教學與農業科學研究緊密結合，教授、專家可以在農業試驗站裡進行試驗並將研究成果直接用於農業生產，這是贈地學院的直接貢獻。

4. 1890 年《第二莫里爾法》

該法案在 1862 年法案基礎上進行了修正。該法案規定對於已建立或即將建立的農工學院，政府每年增加撥款。同時，它要求各州必須立法對資金使用的有效性進行監督。此外，南北戰爭的結束意味著黑人的解放。該法案的一個顯著特點即是要求農工學院對黑人開放或者另外建立讓黑人能夠接受教育的農工學院，一視同仁地讓黑人與白人接受同等的教育。

5. 1944 年《軍人再適應法》

美國為了解決戰時所需的專業人才以及維護戰後社會的穩定通過了較多關於軍隊教育與培訓方面的法案它們都，直接或間接地涉及了高等教育在眾多有關軍人教育方面的立法中,影響最大的首推 1944 年《軍人再適應法》，也稱《軍人權利法案》。

從表面看，該法律是為補償二戰期間為國家做出貢獻的軍人其深層原因則在於避免戰後可能出現的高失業率和社會不穩定因素等情況的發生。該法案的實施，使許多缺少文化和技能的軍人迅速成為社會的有用之才，也間接地促使高校辦學創新，如招生的靈活性、高校擴招後如何發展及怎樣辦好函授、短期課程、個別輔導與補習等多種形式的非正規教育；同時，也改變了美國人對誰應該上大學的思想觀念。

需要指出的是，《莫里爾法》和《軍人再適應法》並不是為了高等教育而制定的。它們的最初目的是經濟發展、社會穩定。

6. 1958年《國防教育法》

蘇聯於1957年成功發射第一顆人造衛星，使美國認識到自己的生存空間和優勢地位受到挑戰。美國聯邦政府開始以「教育與國家安全密切相關」的思想引導高等教育。1958年《國防教育法》被美國教育界譽為「美國教育史上劃時代的文獻」，其對刺激自然科學的發展起到了很大的作用，同時還設立基金對研究生及其研究項目提供資助，並為學生提供了聯邦擔保貸款。

7. 1964年《經濟機會法》

該法案規定，聯邦政府設立聯邦基金，撥款給州政府，由州政府撥款給大學，引入勤工儉學計劃，給困難學生提供經濟資助。該項法案使美國高校入學率激增，高等教育從精英教育走向大眾教育。

8. 1965年《高等教育法》

20世紀60年代，美國高等教育法治的目標主要集中於解決由貧困、種族與少數民族歧視問題造成的教育機會不均等方面的問題。

在此法案中，聯邦政府增加了對教育的資金投入，建立教育機會均等計劃和學生貸款計劃，以貸款、政府獎學金、學校助學金等形式給學生提供經濟資助以完成中學後教育或大學教育，使美國的普通教育以及高等教育改革有了較大發展。

9. 1972年《高等教育法修正案》

這是繼《莫里爾法》和《軍人再適應法》之後的第三個重大教育法案。它解決了資源分配不均衡的問題並賦予學生自由選擇學校的權利。針對當時政府撥款的使用是否到位問題，該法案建立了保證政府撥款用於學生的基本資助計劃（如佩爾獎學金），使政府資金得到有效使用。由於撥款直接劃到學生個人手中，所以他們可以根據自身條件自由選擇學校。這項法案改變了以往的游戲規則，從另一個角度反應了美國高等教育市場化的傾向。

10. 1976年《高等教育法修正案》

該法增加了助學計劃，鼓勵學生取得好成績，同時，將高

校的相關信息多方面地公布於眾，讓家長和學生對學校的選擇更為明智。

11. 1978 年《中等收入家庭學生資助法》

以往的法案中，對獲得政府資助的學生家庭收入有明確規定，政府撥款主要用於貧困家庭學生。這對所有納稅人來說是不公平的。在此背景下，聯邦政府頒布此法案，放寬了對中等及以下收入家庭學生的貸款限制，讓更多學生能夠依靠貸款完成學業。

12. 1986 年《高等教育修正法》

該法案限制了學生獲得聯邦資助的條件，規定了一個全日制學生一年可以獲得的最高資助額度，賦予資助提供者監督學生有效使用資金的權利。

13. 1998 年《高等教育修正法》

在此項法案中，聯邦政府提高了對單個學生的貸款額度，建立了相應組織以改進學生還款機制。同時依據學生的信用和學校的信譽決定是否對學生貸款以及貸款的數額。

聯邦政府的資助：聯邦政府在高等教育支出中分擔的比例很小，大概只占 10%。州政府通過財政支持本州的大學和學院，承擔著高等教育的主要責任。

聯邦從撥款轉向貸款：每一年聯邦政府發放貸款的力度大於助學金。在所有貸款中，學生貸款拖欠比例已經達到 8% 左右，這一數字將會使國家的個人信貸業破產。美國教育部在尋找解決這些拖欠貸款的補救方法上一直動作遲緩。

聯邦政府給學院和大學提供高等教育資助，主要以學生補助等多種形式發放。基本教育基金會向大學生提供本應由他們的家庭支付的費用。而且，聯邦政府還直接向學生和其家庭提供貸款。貸款的平均額度大約為 4,000 美元，通常在學生畢業或離開大學時才開始還款。

聯邦對研究的支持：聯邦政府對科學研究的支持也對高等教育產生了重大影響。美國在 1950 年設立了國家自然科學基金（National Science Foundation，簡稱 NSF）來促進自然科學的研究

和教學。國家自然科學基金為自然科學專業的研究生提供獎學金，資助了很多自然科學項目，還支持自然科學研究中心的建設與維護。1965年美國國會設立了國家藝術捐助基金（National Endowment for the Arts）和國家人文科學捐助基金（National Endowment for the Humanities），這些領域的資助只是國家自然科學基金的一小部分。在聯邦政府的資助下，科研已經成為大學的一個重要部分。

美國的高等教育起源非常早，發展也相當快，美國州政府自殖民時期就已經參與了高等教育。美國東北部的州政府常向本州的私立大學學院提供資助，這一做法持續到現在。通過州立法批准建立的第一所大學是1794年建立的佐治亞州州立大學。在內戰爆發前，東北各州幾乎無一例外地依靠私立學院，而南方各州則在公立高等教育領域處於領先地位。

美國聯邦政府每年的財政支出中，教育經費占16%左右，但是相對於義務教育而言，用於高等教育的支出卻很少，主要由州政府承擔高等教育經費的責任。

第五節　從美國教育戰略的發展歷史看美國的教育霸權

眾所周知，美國已經成了一個世界強國。這是一個一直追求霸權主義和擴張主義的國家，因為它是北美洲實力最強、人口最多的國家。但它為什麼能成為當今世界的「巨無霸」呢？孫大廷先生編寫的《美國教育戰略的霸權向度》主要研究美國實施國家教育戰略的歷史，並對其教育戰略進行初步解析，探討了美國實施國家教育戰略的條件，研究了美國實施國家教育戰略目標的路徑選擇，認為國家主義是國家教育戰略得以實施的前提，聯邦政府借助經濟手段來引導和調節國家的各級各類教育活動，實施科學教育提升了教育戰略的空間，追求高質量和教育的不斷超越是美國教育層面的戰略目標；同時探討了教

育對科學技術的促進作用，主要研究美國教育戰略的具體目標。由於美國教育戰略以聯邦政府管理教育國家主義傾向不斷加強為前提條件，所以美國教育戰略的目標定位只能是國家利益。

這本書全面而系統地講述了美國教育霸權形成的原因以及美國教育戰略目標的核心價值。教育是為人們的生活服務的，它的本意是促進一個人的身心健康發展，無論它的教育形式是散漫的還是嚴格組織的、是系統的還是零碎的，都能夠對人的思想活動造成影響，也能提升人的知識和技能。尤其是在接受高等教育時，沒有中學階段的約束，就應該追求一種自由向上的發展。

教育有很多向度，世界上的很多國家都存著這幾個向度：提升國家的科技水平、促進生產力的發展、提升國際地位、復興本民族、完善政治制度、拓寬本民族的文化影響力等。在美國，這些則不是他們最重要的教育向度，在教育掩蓋之下，霸權才是他們最重要的向度。

《美國教育戰略的霸權向度》一書，主要從美國教育的戰略發展歷史展開，把美國的教育戰略發展分為四個時期，最早的就是南北戰爭時期的《莫里爾法》，接下來就是20世紀50年代的《國防教育法》、20世紀60年代的《高等教育法》、20世紀70年代的《生計教育法》，第三個階段就是迎接新世紀的《2002—2007教育戰略規劃》，最近一階段比較突出的就是小布希總統簽署的《不讓一個孩子掉隊法》。

在美國，每個發展階段都有自己獨特的發展戰略，從這一點我們能看到美國和其他國家的區別。如果處在一個特殊的歷史時期，或者是國家有什麼危急情況，美國就表現出其獨特的思維方式，他們認為只有教育才能改善國家的情況。舉個例子：美國剛獨立的時候，有很多的宗教團體，而這些團體壟斷了教育，只有一些貴族子弟才能接受教育。針對這一情況，美國政府就出抬了世界上第一部《義務教育法》，這是人類文明的一個巨大進步。在西進運動後，很多美國人進駐西部，但西部的環境太過惡劣，阻止了人類文明的發展。在這種情況下，政府就

制定了《莫里爾法》，政府還在西部地區斥巨資建設了很多以農業和工業教育為主的學院，為西部的工業發展打下了基礎。在第二次世界大戰結束之後，很多軍人退役，國家和社會不知道對這些人該如何安排，美國政府就出抬了一些政策，讓這些軍人接受免費的教育，學得一技之長，然後提供相應的崗位　。2001年美國發生了「9・11」事件，這對美國甚至整個國際社會都造成了很大的影響。該事件發生後，美國政府就認為這個世界強者和弱者的區別就在於弱者容易把恐懼複雜化。所以，美國政府就對自己國家的教育戰略做出了重大的調整，小布希總統出抬了《不讓一個孩子掉隊法》以促進教育的全面發展。

從上述情況我們可以知道，美國在全球的霸權地位之所以一直沒有其他國家能撼動，根本原因就在於美國的教育。我們都知道教育不僅是社會發展的原動力，還是社會發展的風向標。美國的歷屆政府都非常重視教育，他們認定國家的目標就是追求這個世界的霸權，政府出抬的所有政策都是為這個目標服務的。他們能夠認識到教育在國家發展和國家安全中的重要作用，在不斷加強政府對教育的管理和干預的同時，制訂了一套行之有效的國家教育戰略規劃。

我們可以看到，美國政府自從獨立戰爭以來，就一直在追求世界霸權主義。這種向度無處不在，不管在經濟上、文化上還是在政治上，都貫穿著教育這一靈魂。教育在這個國家的發展和稱霸過程中一直起著非常重要的作用。

當今世界，和平與發展是兩大主題，這與美國的霸權主義相違背，這也是美國霸權主義一度衰落的原因。在這樣一個大變動時代，只有發展好自己才是硬道理，才能在這個世界擁有立足之地。

內容回顧：

本章運用團體主義模型分析教育政策。教育政策影響著不同方面的利益，反應了美國社會各種有衝突的需求，以及多種

利益團體對多種多樣的相互衝突的目標的選擇。本章論述了美國教育政策的演變歷程及其教育體制，系統介紹了美國的高等教育和初等教育。值得注意的是，美國保持在全球的霸權地位很明顯地依賴於美國的教育戰略。

學習本章，應重點掌握下列幾個知識點：美國高等教育系統的顯著特點、《不讓一個孩子掉隊法》、美國的初等教育、美國的高等教育、美國的教育霸權。

復習思考題：

一、選擇題

1. 早期的聯邦政府「把聯邦政府的土地提供給各州，用於建設農業和機械學院」屬於下列（　　）法案。
    A. 1862 年《莫里爾土地劃撥法案》(Morrill Land Grant Act)
    B. 1917 年《史密斯—休斯法案》(Smith-Hughes Act)
    C. 1965 年《初等和中等教育法》(the Elementary and Secondary Education Act, ESEA)
    D. 1981 年《教育合併與改進法》(the Education Consolidation and Improvement Act)

2. 在對學生補助時，聯邦政府還直接向學生（通過聯邦直接的學生貸款項目）和家庭（通過聯邦家庭教育貸款）提供貸款。貸款的平均額度大約為（　　）。
    A. $2,000
    B. $4,000
    C. $6,000
    D. $8,000

3. 美國前總統喬治·W．布希提出的旨在提高全美中小學教育質量，縮小不同背景、不同種族兒童學業成績差距的一項教育改革法案是下列（　　）項。
    A.《不讓一個孩子掉隊法》
    B.《國家教育目標》

C.《美國中小學法案》

D.《全體兒童教育優異法案》

4. 下列（　　）項不屬於美國初等教育中的三級政府對學區的控制和資助。

A. 中央政府

B. 聯邦政府

C. 州政府

D. 地方政府

5. 下列（　　）項涉及高等教育中不同的文化傳統的大學生如何相互交流、美國高等教育中的種族問題、不同文化的差異性問題。

A. 群體性

B. 多樣化

C. 爭議性

D. 平等化

答案：1. A　2. B　3. A　4. A　5. B

二、思考題

1. 在美國，有人認為要加強測驗以迴歸基礎教育，讓學生通過學校最低能力測驗以更好地掌握基本技能。但也有人認為測驗會導致狹隘的應試教育，而不是對今後的人生進行全面準備，並且少數族裔的領導者也反對測驗，認為其具有種族歧視，因此要加強素質教育。請談談你的看法。

2. 說說美國高等教育系統的特點。

第六章
美國的經濟政策

第一節　美國經濟的發展歷史

　　美國是建國歷史最短、發展最快、實力最強、富有活力的大國。建國迄今歷史只有 200 多年，遠較其他大國年輕。美國是世界上發展快速的大國。在 1607—1775 年不到一個半世紀的時間裡，由土著印第安人為主的母系氏族社會階段過渡為帶依附性的資本主義性質的殖民地。1815—1894 年的 80 年間，美國又從一個發展中國家一躍而成為世界第一工業化大國。而 1898 年以來的 100 多年間，美國的現代化和後現代化水平、科學技術水平、社會物質和文化及社會生活現代化水平一直領先於世界各國。美國作為實力最強的工業大國，從 1894 年以來保持世界領先地位已 100 多年了。1916 年美國成為世界最大的債權國，在各個經濟領域佔有全面的優勢，20 世紀 20 年代美國成為汽車王國。第二次世界大戰爆發前夕的 1938 年，美國 GDP 佔資本主義世界的 36%。二戰結束后的 1948 年，美國 GDP 佔世界的 54.8%，第二次世界大戰結束至今美國一直是超級大國。美國富有活力表現在它的私人經營和國家、集團、私人壟斷所有制兼顧；市場經濟為基礎兼顧政府干預。美國是以壟斷為主體的民主共和制國家，實行統治集團內部可以進行民主爭論的主體民

主制。

　　一個國家能否繁榮昌盛，必然與其統治階級的統治政策有關，好的領導者才有能力使自己的國家富強。為了盡快擺脫經濟危機，實現經濟復興，以維護資本主義制度，羅斯福總統實行了「新經濟政策」。隨後羅斯福突然逝世，杜魯門繼任總統，提出了「公平施政」綱領，其核心是通過立法保障美國普通公眾的經濟權利。雖然該政策取得了一定的成果，但由於美國國會的參、眾兩院阻撓，使得很多政策都未能實現，也就不能維護到個人利益尤其是少數民族的利益。在1952年年底的大選中，提出「結束朝鮮戰爭」口號的共和黨候選人艾森豪威爾擊敗其他候選人，當選美國第34屆總統。他懂得不能走共和黨的極端自由放任的保守主義老路，完全否定過去民主黨政府的國家干預政策，因此艾森豪威爾政府選擇了一條介乎國家干預和自由放任之間的「中間道路」。在執政時期，共和黨政府基本上沿襲了前民主黨政府的社會經濟政策，在某些方面還有所加強，尤其是社會福利和國防教育方面。1960年年底，民主黨候選人肯尼迪成為當時美國歷史上最年輕的總統，提出要開拓美國的「新邊疆」，利用美國先進的科學技術和強大的經濟實力去開拓新的領域，在科研方面尤為突出。後來肯尼迪遇刺身亡，約翰遜當選總統，政府的國內施政綱領延續了肯尼迪政府的路線，他提出的綱領性口號是建設「偉大的社會」。在1980年的美國大選中，共和黨候選人雷根以壓倒多數獲勝，當選第40屆總統。他在向全國發表的電視演講中提出了「經濟復興計劃」，其主要內容為：壓縮聯邦開支，大幅度降低個人和企業的稅負，減少政府對企業經營設置的各種規章條例，制定穩定貨幣的政策等。雷根上臺後，美國政府開始根據他的「經濟復興計劃」，運用與凱恩斯主義不同的貨幣主義和供應學派的理論，實行小政府、低稅收、少規章、小開支的自由放任經濟政策，以此來打破美國經濟停滯局面。而老布希之所以在經濟上沒什麼作為，主要是他自始至終都沒有明確的經濟政策。後來克林頓在經濟理論和經濟政策方面都有別於他的前任，他既主張調整經濟結

構，增加有效供給和就業，又力求削減預算赤字，抑制通貨膨脹，所以取得了較好的成就。而小布希為了對付經濟衰退，採取了凱恩斯主義「反危機」的理念，通過政府干預來刺激經濟，特別是通過大減稅來增加消費者開支和企業投資，拉動經濟增長，同時強調廢除束縛高新技術發展的法律，放鬆對企業的行政干預和限制，削弱市場壟斷，創造有利於企業創新和競爭的市場環境。小布希的經濟政策給美國經濟帶來了很大的動力。歐巴馬基本沿用民主黨傳統政策，即政府應對經濟進行干預，緩和貧富矛盾，創造共同繁榮。他承諾為年收入在25萬美元以下的家庭保持布希政府提供的減稅政策，但對年收入超過25萬美元的富裕家庭則增加稅收。面對金融危機，除支持布希政府的救市計劃外，歐巴馬還推出了自己的金融救援計劃，包括承諾未來兩年內向創造就業機會的美國公司提供臨時稅收優惠，企業每提供一個新的就業崗位就能獲得3,000美元減稅。正是在這些政治家的帶領下，才有了今天繁榮富強的美國。

經濟政策必然決定一個國家的興衰，一個國家的經濟是否發達關係到每一位民眾的衣食住行問題。經濟政策不只是關乎國家領導者聲譽的問題，更是關係到每一個人的生活，所有人共同努力才能創建更加繁榮的國家。

第二節　美國經濟大蕭條的原因

經濟學界有各種各樣的商業循環理論，在分析大蕭條的原因時，眾說紛紜，莫衷一是。對於蕭條原因最好的說明，也許就是一個或幾個社會集團減少支出的幅度超過了其他社會集團增加支出的幅度。1929年，消費者購買了國民生產總值的72%，工商業者投資消費了18%，聯邦、州和地方政府的消費略少於10%，其餘的用於出口。

在1929—1930年，由於投資者和消費者減少了大約150億美元的支出，國民生產總值的支出約減少了140億美元。政府

支出雖稍有增加，但其影響微不足道。反應投資和消費支出有所減少的是：市場上勞動力解雇和失業增多了，工商業的銷售額和利潤降低了。根據上述分析可見，只要查明消費者支出和企業投資減少的來由，即能確定產生這次大蕭條的原因。

今天，通過剖析歷史，可以清楚地看出：在20世紀20年代已經存在著當時被人忽視或漠視的若干不利於經濟發展的趨向。農業一直沒有從第一次世界大戰的蕭條中完全恢復過來，農民在這個時期始終貧困。而且，所謂工業部門工資水平較高，其中不少是假象。在這十年內，新機器的應用把大批工人排擠掉了。例如，1920—1929年，工業總產值幾乎增加了50%，而工人人數卻沒有增多，交通運輸業職工實際上還有所減少。在工資水平很低的服務行業，工人增加最多，其中毫無疑問也包括了許多因技術進步而失業的技術工人。因此那些顯示工資略有提高的統計數字，並沒有把真實情況反應出來。由於工農大眾是基本消費者，這兩類人遇到經濟困難時，對消費品市場一定會有較大影響。

在這些情況下，20世紀20年代廣告量的增加和分期付款賒銷的增加就會產生不良後果。分期付款賒銷竭力膨脹消費品市場。1924—1929年，分期付款銷售額從約20億美元增長為35億美元，由此可見其增長率大得驚人。毋庸置疑，採用分期付款的賒銷辦法，增加了小汽車、收音機、家具、家庭電器用具等耐用消費品的銷售額。然而分期付款銷售辦法的推廣使用，也表明這樣一個事實：不增加貸款，消費品市場就不可能容納工業部門生產出來的大量產品。而且，從經濟觀點來看，這種銷售方式本身孕育著某種危險性。只要削減消費信貸即分期付款賒銷，消費者的購買量就很可能大幅度減少。現在來看，1929年就發生了這種情況。

20世紀20年代工業生產之所以能擴大，是由於對新工廠、新設備的巨額投資。這項投資使建築業、機床製造業以及鋼鐵工業等有關部門雇用了大批工人。因此，資本支出或投資一減少，各生產資料生產部門的工人就會大批失業。到1929年，消

費品市場容納不了增產的商品，也就不再需要擴充廠房和設備了。例如，據估計，1929年美國整個工業的開工率只達到80%。在這些條件下，投資額（用1958年美元計算）從1929年的404億美元降為1930年的274億美元，進而減少到1932年的47億美元也就不足為奇了。投資的縮減導致了生產資料生產企業的破產和工人的失業。這個問題因住房建築的減少而更加嚴重起來。住房建造在1925年達到登峰造極的地步，此後就江河日下了。1929年動工興建的住房只有50萬幢（1925年約有100萬）幢。1927年以後，汽車工業也急遽衰落。

我們不想回答究竟是生產資料的生產先下降還是消費品的生產先減少這樣一個問題。顯然，兩者互相影響。生產資料生產部門的工人失業，會使消費品的銷售額減少，從而導致消費品生產部門工人的失業。而消費品銷售額的減少又反過來使投資進一步縮減。這兩大部類愈演愈烈的相互作用驅使生產日益下降，失業率不斷上升，消費隨之急遽減少。

甚至諸如低稅率和高利潤等有利因素也可能助長了危機的爆發。現在來看，那個時期增加的收入大半落入了少數人或少數家族的腰包。1934年，布魯金斯研究所發表的一篇研究20世紀20年代經濟問題的論文這樣寫道：「美國呈現出了收入分配日益不均的趨勢，至少在20年代前後是如此。這就是說，這個時期人民群眾的收入有所增長，而上層階級的收入水平提高得更快。隨著上級階層高額收入的實現，他們的收入中節約的部分增加得比消費部分快，也就出現了大富豪及其家族把累積的收入越來越多地用於投資的趨勢。」

從經濟觀點來看，20世紀20年代收入的分配有緊縮消費來增加投資的趨向。回顧這一段歷史，可以看出，如果消費者手裡的錢多些，而投資者手裡的錢少些，國民經濟也許會穩定一些。某種程度上看，由銀行信用造成的1929年股票市場的繁榮也反應了資金過剩，使資本家投資於購買設備和興建廠房無利可圖。

20世紀20年代的繁榮，主要歸因於自然資源充裕、工農業

生產增長、技術進步、勞動生產率提高、消費擴大和對外貿易興旺。然而,許多美國人的貧困處境和國民經濟中存在的某些薄弱環節,最終導致了大蕭條的爆發。儘管如此,直到20世紀20年代末,大多數美國人還盲目樂觀地相信繁榮仍將繼續下去。

第三節 21世紀的美國經濟

美國的經濟體系兼有資本主義和混合經濟的特徵。在這個體系內,企業和私營機構做主要的微觀決策,政府在國內經濟生活中的角色較為次要。在發達國家中,美國的社會福利網相對較小,政府對商業的管制也弱於其他發達國家。

美國是一個創新型經濟體,始終存在制度優勢。二戰結束以來,全球每一次經濟增長的長週期都是由美國引導的。二戰結束以後,軍工轉民用產生技術革新和進步,將美國經濟帶到了20世紀60年代末的黃金增長期。經過20世紀70年代經濟滯脹的修正,進入20世紀80年代,美國經濟又在信息革命的引領下增長了30年,一直到2007年由於次級貸款資產泡沫出現金融危機。

作為全球最大的經濟體之一的美國經濟正在逐步復甦,中、美兩國經貿聯繫也日益緊密,現在互為第二大貿易夥伴。那麼美國經濟專家如何看待美國經濟狀況、主要政策走向以及美國對華貿易情況呢?根據國際貨幣基金組織2014年10月發布的最新一期《世界經濟展望》報告,美國在全球經濟復甦中處於引領位置。報告對2014年美國經濟增長預期持樂觀態度,將2014年美國經濟增速預期上調0.5個百分點至2.2%,並維持對2015年3.1%的增速預期。另據美國政府近期報告,2014年第三季度美國GDP的環比年增長率為3.5%,儘管較第二季度的4.6%有所下降,但仍然遠超3%的市場預期,這主要得益於出口的大幅增長以及軍事支出的增加。對此,華盛頓智庫威爾遜中心經濟專家肯特·休斯認為,美國經濟發展勢頭良好,但還有待進一

步復甦。「個人和企業的資產負債表都有所改善,美聯儲的購債計劃取得了一些成功,量化寬鬆貨幣政策使得企業利潤一直很高,企業正在通過更新設備等方式擴大投資,房地產行業還沒有完全復甦,聯邦機構推出了更多抵押貸款政策,銀行可以為首套房買家提供較低的利率,這些都是積極的信號。」在經濟刺激政策方面,由於美國經濟復甦勢頭良好等原因,美聯儲於2014年10月底結束了資產購買計劃,也宣告了美國第三輪量化寬鬆貨幣政策的結束,同時美聯儲還重申將在相當長的時間內將聯邦基金利率維持在接近於零的水平。

第四節　美國的貨幣政策

　　在1913年成立美聯儲的時候,其功能只限於為經濟活動提供足夠的流動性和信用,以及實施銀行監管,即保證經濟和金融體系的健康是美聯儲的最終目標。1941年,美聯儲為籌措軍費,採取了廉價的貨幣政策,即釘住戰前的低利率。在20世紀50~70年代,美國經濟週期性擴張和收縮的特徵非常突出,因此,擴張性貨幣政策和緊縮性貨幣政策的交替也很明顯,貨幣政策目標經常變化。在20世紀70年代後期,隨著通貨膨脹被抑制,美聯儲又轉向了平穩利率政策,並獲得了極大成功。自1999年6月開始,為防止經濟過熱,美聯儲開始收緊銀根,半年中先後三次提高利率,但美國經濟增長勢頭仍沒有減緩的跡象。於是在2000年2月2日、3月21日和5月16日又分別提高利率,使聯邦基金利率達到了65%。到了2008年11月25日,美聯儲宣布,將購買政府支持企業(簡稱GSE)房利美、房地美、聯邦住房貸款銀行與房地產有關的直接債務,還將購買由「兩房」、聯邦政府國民抵押貸款協會(Ginnie Mae)所擔保的抵押貸款支持證券(MBS)。這標誌著貨幣政策上的量化寬鬆的開始,簡稱QE。

　　在大多數經濟發達的民主國家都設有中央銀行,其主要職

責是調節貨幣供給，包括流通中的貨幣和銀行存款，穩定幣值。調整存款準備金率是美聯儲對貨幣供應實行擴張或緊縮政策的手段之一。第二種手段是，美聯儲可以通過調整商業銀行向聯邦儲備銀行借款的利率即再貸款（再貼現）利率來控制貨幣供應量。第三種手段是，美聯儲還可以在所謂「公開的市場交易」中購買或出售財政部發行的中長期國庫券（Bond and Notes）。

根據《美國聯邦儲備法》，美國的貨幣政策目標是控制通貨膨脹，促進充分就業。目前，美聯儲貨幣政策的操作目標是聯邦基金利率。美國聯邦基金利率是指美國同業拆借市場的利率，其最主要的是隔夜拆借利率。這種利率的變動能夠敏感地反應銀行之間資金的餘缺，美聯儲瞄準並調節同業拆借利率就能直接影響商業銀行的資金成本，並且將同業拆借市場的資金餘缺傳遞給工商企業，進而影響消費、投資和國民經濟。

內容回顧：

本章運用漸進主義模型分析經濟政策。從美國經濟的發展歷史來看，美國是世界上建國歷史最短、發展最快、實力最強的大國。歷史記錄表明，經濟增長過後通常會出現經濟收縮。1950年以前美國經濟週期的波動幅度較大，並在20世紀30年代出現了經濟大蕭條。進入21世紀的美國經濟，雖然仍然經受著經濟週期的考驗，但美國政府應對經濟週期的財政政策和貨幣政策已成功實現了經濟穩定。

學習本章，應重點掌握下列幾個知識點：經濟大蕭條、21世紀的美國經濟、貨幣政策、財政政策、美聯儲。

復習思考題：

一、選擇題

1. 美國在1913年成立的（　　）部門，其功能只限於為經濟活動提供足夠的流動性和信用，以及實施銀行監管，即保

證經濟和金融體系的健康發展的最終目標。

  A. 眾議院籌款委員會（House Committee on Ways and Means, HCWM）

  B. 經濟諮詢委員會（Council of Economic Advisors, CEA）

  C. 國會預算局（Congressional Budget Office, CBO）

  D. 聯邦儲備委員會（Federal Reserve Board, FED）

 2. 關於稅收支出和赤字水平的政策是指（ ）。

  A. 財政政策

  B. 稅收政策

  C. 經濟政策

  D. 貨幣政策

 3. 關於貨幣供給和利率水平的政策是指（ ）。

  A. 財政政策

  B. 稅收政策

  C. 經濟政策

  D. 貨幣政策

 4.（ ）是一個國家一年內生產的所有商品和勞務市場價格的總和。

  A. GDP（Gross Domestic Product）國內生產總值

  B. CPI（Consumer Price Index）居民消費價格指數

  C. PPI（Producer Price Indexes）生產者物價指數

  D. PMI（Purchase Management Index）採購管理指數

 5. 貨幣政策是由下列（ ）機構來決定的，它通過對全國銀行監管來增加或減少貨幣供給。

  A. 眾議院籌款委員會（House Committee on Ways and Means, HCWM）

  B. 經濟諮詢委員會（Council of Economic Advisors, CEA）

  C. 國會預算局（Congressional Budget Office, CBO）

  D. 聯邦儲備委員會（Federal Reserve Board, FED）

 答案：1. D 2. A 3. D 4. A 5. D

二、思考題

1. 美國聯邦儲備系統（Federal Reserve System，FRS）工作的幾種手段？
2. 美國經濟大蕭條的原因是什麼？

三、案例分析

《華爾街日報》網站 2014 年 8 月 29 日報導，美國經濟在 2014 年第二季度的反彈力度超出此前預期，顯示出美國經濟在走出衰退的五年後重回覆蘇軌道。

美國商務部周四公布，經季節性因素調整後，第二季度國內生產總值（GDP）折合成年增長率 4.2%。美國商務部此前依據不完整的國際貿易、庫存和其他數據預計第二季度 GDP 增長 4%。第二季度企業新開工建築、機器和研發支出的增幅大於之前的預期，但庫存對 GDP 增長的貢獻小於之前的預期。

第二季度經濟反彈緩解了外界對美國經濟持續放緩甚至再度陷入衰退的擔憂。不過，今年上半年的平均增幅僅為 1.05%，令經濟將在短期內持續加速增長的預期降溫。

數據顯示，美國第二季度 GDP 受到消費者支出提振。當季消費者支出經季節性因素調整後折合成年增長率 2.5%，為 GDP 增幅貢獻了 1.69 個百分點，這與美國商務部之前的預期一致。

第二季度非住宅固定投資增長 8.4%，之前預計為增長 5.5%。企業在結構、設備和知識產權產品上的支出對 GDP 增長的貢獻均大於此前預期。

對外貿易對經濟的拖累作用要小於此前預期，將 GDP 增幅拉低 0.43 個百分點，低於之前預計的 0.61 個百分點。出口被向上修正，而進口被小幅向下修正。

私人領域庫存變化為第二季度 GDP 貢獻了 1.39 個百分點的增幅，低於初步估計的 1.66 個百分點。

整體而言，第二季度 GDP 較上年同期增長 2.5%，之前預

計的同比增幅為 2.4%，第一季度同比增幅為 1.9%。國內產品最終銷售增長 3.1%，之前預計增長 2.8%。

思考：

請分析美國經濟政策對美國社會的作用，談談你對 21 世紀美國經濟的看法。

第七章
美國的稅收政策

第一節　美國的稅收概況

目前，美國稅收實行的是聯邦、州和地方（縣、市）分別立法和徵管，聯邦以所得稅、州以銷售稅、地方以財產稅為主體的稅收制度。三級政府各自行使屬於本級政府的稅收立法權和徵收權；聯邦與州各有獨立的稅收立法權，地方稅收立法權在州，州的稅收立法權不得有悖於聯邦利益和聯邦稅法。

美國的聯邦稅法由國會制訂，並寫入《國內收入法典》。財政部代表聯邦政府解釋《國內收入法典》並頒布所得稅法。其屬下國內收入局負責管理和執行聯邦稅法，為納稅人提供納稅方面的服務。

美國實行徹底的分稅制，屬於聯邦、州與地方分權型國家。美國的稅收管理體制分為聯邦、州及地方政府三級。聯邦政府徵收所得稅、銷售稅、遺產稅和贈予稅，大多數州及地方政府徵收專營權稅、所得稅、銷售稅、財產稅、遺產稅和贈予稅。

抵制實質性的稅收改革的強大利益集團雖然贏得了一些重要的利益，但政府為了保持總體利益均衡，它們在稅收改革的鬥爭中是失敗的。1990年，利益集團贏得了一次重大的勝利，喬治·H. W. 布希同意民主黨控制的國會將勞動所得的最高邊際

税率提高了,但是並沒有收到預期的效果,預算計劃削減了大量國防支出和國內的開支,並增加了主要的稅收;喬治·W.布希促使共和黨控制的國會以減少稅收作為「刺激經濟增長的因素」,但大多數民主黨人反對這一稅收計劃,認為它只對富人有利,對經濟發展沒有什麼幫助,還會使本來數額已經巨大的聯邦年度赤字變得更大;而共和黨人認為它對所有納稅人有利,因為富人交了更多的稅,只有從稅收減免中才能得到公平。

　　在美國,約 1/2 的個人收入通過稅法規定的減免和特別優惠的多種方式而逃避了稅收。稅收制度的不完善導致了一場窮人反對富人的戰爭,從而推動 20 世紀早期《憲法第十六修正案》。1914 年國會通過《聯邦所得稅法案》,規定最高稅率為 7%,其中需要繳稅的人還不足 1%;而今天的最高稅率為 35%,要繳稅的人卻有 50% 以上。在所有納稅人中,有 75% 的人採用標準扣除,25% 的人屬於高收入者。

　　「地下經濟」逃稅導致政府每年大約流失 2,000 億美元的財政收入,相當於全部稅收的 15%。實際上占美國納稅人 50% 的低收入者只承擔了所得稅的 4%,收入占前 10% 的人承擔了個人所得稅的 66%,其中 1% 的最高收入者承擔了個人所得稅的 34%。見下表。

美國個人所得稅負擔情況表

調整後的總收入	收入界限(美元)	占聯邦收入所得稅的比例(%)
收入最高 1% 人群	295,495.00 以上	34.3
收入最高 5% 人群	130,030.00 以上	54.4
收入最高 10% 人群	94,891.00 以上	65.8
收入最高 25% 人群	51,343.00 以上	83.9
收入最高 50% 人群	29,019.00 以上	96.5
收入最低 50% 人群	29,019.00 以下	3.5

　　通過不斷地完善個人所得稅稅收制度,聯邦政府變得更加有錢,從而在社會福利與社會保障等方面都有很大的提升,緩

解了由社會貧富差距所引發的矛盾，使絕大部分的人從中得到了利益，這樣的政策是一個很好的典範。個人所得稅不僅是美國國家收入的一個重要支柱，而且是體現一個國家調動國家資源與分配的能力，通過實施好的個人所得稅政策，能夠很好地使用國家有限的資源而實現民眾利益的最大化，是一個國家走向富裕的基本國策。

美國不但每個人的納稅意識很強，而且還制定了一些與稅收相關的政策。除小額交易外，其他交易必須通過銀行轉帳，否則就是違法的。在銀行開戶必須有身分證明，每個美國人都有一個社會安全號，銀行按社會安全號把每個人的利息收入按稅法規定報告給稅務局。同時，聯邦與地方稅務局、稅務局與海關等有關部門之間互相溝通信息，使稅務局能及時、全面地掌握每個納稅人的情況，防止稅收流失。

美國稅務局有權對納稅人的有關帳簿和記錄進行調查，有權讓納稅人到稅務局接受調查、出示會計記錄，以確定納稅人的應納稅額，判斷是否有偷、漏、逃稅行為。納稅人如不繳稅，針對不同情況，稅務局有權行使三種權力：抵押權、強索權、佔有權。美國各州稅務局的內設機構一般有五個：法制機構、審計機構、研究統計機構、徵收機構、服務機構。同時美國還非常重視運用先進技術。現在，稅務局已能每天 24 小時直接處理納稅人的電子報稅、電話報稅，大大提高了工作效率。

美國稅制的演變：

美國稅收制度的發展大體經歷了三個階段：
（1）以關稅為主體的間接稅階段；
（2）以商品稅為主體的復稅制階段；
（3）以所得稅為主體的復稅制階段。

美國的主要稅種

1. 聯邦稅（Federal Tax）
聯邦稅，顧名思義，就是由聯邦政府徵收的稅負。聯邦收

入所得稅主要用於支付國防開支項目、外交事務開支、執法費用以及支付國債利息等。在各種聯邦稅中，收入所得稅占主要地位，主要是個人收入所得稅和社會安全福利保障稅，其次是公司收入所得稅。聯邦遺產稅、禮品和貨物消費稅在聯邦財政總收入中所占比例則很小。以 2004 年為例，在聯邦總稅收中，個人收入所得稅所占比例為 43%，社會安全福利保障稅所占比例為 39%，公司收入所得稅所占比例為 10%，貨物消費稅所占比例為 4%，其餘的 4% 為遺產稅、禮品和其他稅收。

2. 個人收入所得稅（Individual Income Tax）

個人收入所得稅又稱個稅，是聯邦政府稅收的主要來源。個稅的徵收原則是「掙錢就需繳稅」（pay-as-you-earn）。個人收入所得稅的繳付方式主要有四種：夫妻聯合報稅、夫妻分別報稅、以家庭戶主形式報稅和單身個人報稅。個人收入主要包括工資、年薪、小費、利息和股息收入、租金、特許使用費、信託、博彩、賭博、遺產、年金、贍養費收入、投資收入和商業經營收入等。個人收入所得稅採用累進稅率制，稅率按收入的不同分為 10%、15%、25%、28%、33%、35% 等多個稅級檔次。

2002 年美國個人所得稅稅率如下表所示：

2002 年美國個人所得稅稅率表

級數	全年應納稅所得額（美元）	稅率（%）
1	不超過 12,000 的部分	10
2	超過 12,000 至 46,700 的部分	15
3	超過 46,700 至 112,850 的部分	27
4	超過 112,850 至 171,950 的部分	30
5	超過 171,950 至 307,050 的部分	35
6	超過 307,050 的部分	38.6

3. 公司收入所得稅（Corporate Income Tax）

公司收入所得稅又稱公司稅，是聯邦政府繼個稅和社會安

全福利保障稅之後的第三大聯邦稅進項。該稅採用累進稅率制，稅率分別為15%、25%、34%、35%等多個稅級檔次。

2002年美國公司所得稅稅率如下表所示：

2002年美國公司所得稅稅率表

級數	全年應納稅所得額（美元）	稅率（%）
1	不超過50,000的部分	15
2	超過50,000至75,000的部分	25
3	超過75,000至100,000的部分	34
4	超過100,000至335,000的部分	39
5	超過335,000至10,000,000的部分	34
6	超過10,000,000至15,000,000的部分	35
7	超過15,000,000至18,333,333的部分	38
8	超過18,333,333的部分	35

4. 社會安全福利保障和老年保健醫療稅（Social Security and Medicare Tax）

社會安全福利保障和老年保健醫療稅又稱社會安全稅或聯邦保險捐助法稅。該稅收入主要用於為退休工人和殘疾工人及其撫養人提供福利。

5. 貨物稅（消費稅）（Excise Taxes）

貨物稅是消費稅的一種形式，它是對消費某些特定貨物和服務而不是對收入徵收的稅。消費稅屬於聯邦稅，2004財政年度，聯邦消費稅收入約占聯邦總稅收的3.7%，占國內生產總值的0.6%。其中燃油稅是聯邦貨物消費稅項下最大的稅種，約占該稅的30.4%，其他消費稅包括國內民航旅客稅、烈性酒、葡萄酒、啤酒、香菸稅和電話服務費等。徵收消費稅的目的，多是為了增加收入，減少赤字，或用於高速公路的建設、道路空氣污染的預防和治理。

6. 財產稅（Property Tax）

財產稅是美國州政府和地方政府對在美國境內擁有不動產

或動產特別是房地產等財產的自然人和法人徵收的一種稅。

7. 州稅及地方稅（State and Local Taxes）

根據本州立法機構制定的有關法律和經濟發展水平和稅收來源的充裕程度等設立不同的稅種和相關稅率。

8. 遺產稅和禮品稅（Estate and Gift Tax）

聯邦遺產稅適用於公民死亡時財產的轉移。遺產稅有別於繼承稅（Inheritance Tax）的主要區別在於遺產稅的徵收對象是遺產，而繼承稅的徵收對象是繼承人。遺產稅稅率根據遺產價值的大小，從18%至48%不等。與聯邦遺產稅項目配套的是聯邦禮品稅，開徵該稅的目的主要是防止個人在生前以禮品贈送的名義將遺產轉移給後人。根據稅法，已婚夫婦每人每年可贈送給每一位子女11,000美元的免稅禮品，超過部分則必須繳納禮品稅。由於遺產可以不受限制地轉移給尚健在的配偶，或可以扣除遺產管理費用後將遺產轉移給慈善機構等，因此遺產稅在聯邦稅收體制中所占比例很小，2004財政年度，其在聯邦稅收總值中的比例僅為1.3%。

第二節　劫富濟貧的美國稅收政策

稅收政策是指國家為了實現一定歷史時期任務，選擇確立的稅收分配活動的指導思想和原則，它是經濟政策的重要組成部分。我們一起來瞭解一下美國的稅收政策。

美國聯邦政府的稅收收入有多種來源——個人所得稅；社保基金的扣除額；企業所得稅；汽油、酒精飲料、菸草、電話、航空以及其他項目的消費稅；財產稅、遺產稅、贈予稅、關稅以及其他各種項目的罰款和收費。

稅收是美國政府提供財政經費來源，維持國家機器正常運轉必不可少的重要組成部分之一，其在美國國內生產總值中所占比率因美國經濟興衰、戰爭的爆發、政府的更迭以及立法的修改而波動。20世紀60年代以來，聯邦稅收在國內生產總值中

所占比率平均為18.2%，其中，2000財政年度全部稅收在國內生產總值中所占比例為20.8%，是二戰結束以後所占比例最高的年份。而由於受經濟衰退和政策影響（如減稅），2004財年，該比例降至16.5%的歷史低點。

經過上百年的不斷修改和更新，美國的稅收制度可謂非常完善。總體而言，美國的稅可分為以下幾類：聯邦稅、州稅和地方稅；從稅種看，有個人收入所得稅、公司收入所得稅、社會安全福利保障稅和健康醫療稅、銷售稅、財產稅、地產稅、遺產稅、禮品稅、消費稅等；從稅率看又分為單一稅率、累進稅率和遞減稅率；在稅收的計量上又可分為從量稅和從價稅。

很多人對美國的印象是「全球徵稅、劫富濟貧」。對於是否移民美國，許多人由於稅收問題望而卻步。「高收入階層避稅放棄綠卡，美國富翁逃稅放棄國籍」之類報導頻現報端，這些給公眾造成了一種「美國苛稅猛於虎」的印象，也使得不少有意移民美國的國內高收入階層擔心拿到綠卡後即將面臨一系列稅務問題。

美國稅收品種多，交稅比例高，而且幾乎沒有可以不用納稅的收入。首先美國的稅收分為聯邦收入稅和地方收入稅（不過不是每個州都有州收入稅的，比如佛羅里達州就沒有州收入稅），按照收入的來源又分為一般收入稅和資本收入稅（出售或投資產品獲利，品種和稅率見下表）。

資本獲利稅率表　　　　　　　　　　單位：%

普通收入稅率	長期資本收入稅率	短期資本收入稅率	地產長期收入稅率	收藏長期收入稅率	中小企業股東長期收入稅率
10	0	10	10	10	10
15	0	15	15	15	15
25	15	25	25	25	25
28	15	28	25	28	28
33	15	33	25	28	28
35	15	25	28	28	28

從該表中我們看出，資本收入稅率的高低除了和資本投資的品種和期限有關外，還和你的一半收入稅率密切相關（特別是短期投資），比如：如果你的家庭收入稅為33%的話，你相應的資本盈利稅收也會較收入低於這個檔次的家庭或個人高很多。也就是說，中低收入群體投資同樣的資產，要比高收入群體少交至少幾個百分點甚至少10%、20%的稅。

個人所得稅是聯邦政府收入中最大的一個來源，個人所得稅在美國分為六個等級的稅率——10%、15%、25%、28%、33%、35%。這些稅率適用於不同的收入水平或等級。聯邦個人所得稅是高度累進的。它的六種稅率加上個人減免稅和標準的家庭減免稅，以及低收入者獲得的稅收抵免，減輕了中低收入家庭的大部分稅收負擔。

美國稅收比較好地實現了「劫富濟貧」：一是沒有隱性收入逃離稅收之外（公司受法律約束，不得替個人避稅，而且也必須提供個人從公司獲得的每一項收入的匯總；個人一旦被查出偷稅，也會受到嚴厲制裁）；二是高收入高稅率——而且除了聯邦稅外，美國人每個月的工資還得交州收入稅（稅率根據州的不同而不同）、社會保險稅（6.2%，收入超過 $106,800 的部分不再徵收）、老人醫療稅——美國 65 歲以上的人參加政府的這項老人醫療險（1.45%）、失業稅等。如果你的個人稅率在33%以上，扣除各項稅收和你個人以及家庭的醫療保險費用後，收入的一半就沒有了。這些稅不僅適用於你的工資收入，而且涵蓋你從公司取得的任何一項收入，即如果你領取了 3 萬美元的年終獎（美國大部分公司都只給中高層管理人員發放年終獎），如果你的聯邦稅率為33%，扣除以上的稅金後也就只有一半了。

中低收入者可以從政府那裡獲取很多減免和幫助（具體項目，筆者以後會寫專文）。根據 CNN 的報導，2010 年有49%的家庭免交聯邦稅（通過退稅等形式）。這樣一來，高收入家庭和低收入家庭的收入差距就小了很多。

首先，一般收入稅最大的特點就是你從公司領取的任何形式的收入都在納稅的範圍內。法律規定的一般收入包含工資、

獎金（任何性質的獎金，包括年終獎等），甚至優秀員工獎勵（現金或實物）和加班工資，也包括公司利潤分紅、股息、債券利息等。因為有法律的嚴厲約束和嚴格的執行制度，美國的公司都會嚴格履行其稅收方面的義務，將員工獲得的每一項收入都列在工資清單上，並按照國家規定一一代為扣除；而且每一年年初都得給出單位員工本年度所有收入的匯總表，員工據此向政府報稅。

其次，美國是以家庭為單位交稅的。以2010年的收入檔次和稅率表為例，如果一對夫妻聯合報稅，男方年收入為15萬美元，他應交稅的稅率為28%，此時，即使其妻子收入僅僅為2萬美金，她也必須按照28%的稅率來交稅；如果妻子收入為6萬美金，他們就應該按照更高的稅率（33%）來交稅，因為其家庭總收入超過了209,251美元的總額。

美國還有各種各樣的消費稅，上餐廳吃飯、到商場購物、買機票、住酒店等都得交稅。財產稅也是每年交，稅率依州和鎮的不同而不同，低的年交1.5%，高的超過5%。那些退休後的老人，七八十歲了，還是得為交每年的財產稅而焦慮。

第三節　美國稅收制度存在的問題與危害

美國聯邦稅收制度存在的問題

（1）稅收的形式太複雜了，大多數納稅人要雇傭專業的稅收代理人（很多會計師和律師就依靠這種稅收代理謀生）；

（2）稅法區別對待不同收入來源的做法是不公平的，有很多的免稅、減稅和特殊優惠都被認為是稅收的漏洞，使得那些有特權的人得以逃避稅收；

（3）稅法還鼓勵逃稅，使得投資避開生產性的領域而轉向無效率的稅收庇護；

（4）稅法還慫恿詐欺，導致公民對政府的信任度降低，助

長了地下經濟的蔓延，這些交易所得從來不以稅收形式申報；

（5）高邊際稅率抑制了人們的工作熱情或投資動力。

美國聯邦稅收制度帶來的危害

- 各種各樣的避稅方式出現；
- 地下經濟也導致各種逃稅，從而使政府每年遭受數十億美元的損失；
- 許多工人除了在雇主那裡獲得的相應報酬外，對其他的現金收入在繳稅時並沒有報告；
- 非法收入（如販賣毒品）——沒有人會去申報這些收入的所得稅；
- 隨著稅率的提高，隱瞞收入變得更加有利可圖。

內容回顧：

本章運用團體理論模型分析稅收政策。美國的稅收體制的複雜、不公平、無效率，很大一部分原因歸結於有組織的利益集團的活動。美國的主要稅種包括聯邦稅、個人收入所得稅、公司收入所得稅、社會安全稅、消費稅、財產稅、州稅及地方稅、遺產稅和禮品稅等。美國的稅收政策具有「全球徵稅、劫富濟貧」的特徵，同時其稅收制度存在著一些問題與危害。

學習本章，應重點掌握下列幾個知識點：美國的主要稅種、分稅制、「劫富濟貧」的稅收政策、美國稅收制度的問題與危害。

復習思考題：

一、選擇題

1. 在 1914 年國會通過（　　），規定最高稅率為 7%。
   A.《聯邦所得稅法案》
   B. 個人所得稅

C. 企業所得稅

D. 消費稅

2. 下列（　　）種稅收被美國政府用於支付國防開支項目、外交事務開支、執法費以及支付國債利息等。

A. 財產稅

B. 消費稅

C. 聯邦稅

D. 遺產稅

3. 下列（　　）種稅收的目的是為了增加財政收入，減少財政赤字，用於高速公路建設、道路空氣污染的預防和治理。

A. 財產稅

B. 消費稅

C. 聯邦稅

D. 遺產稅

4. 稅收政策的一個核心問題是誰實際上承擔了最重的稅收負擔。其中，要求高收入群體比低收入群體繳納其收入的更大比例的是（　　）。

A. 累進稅

B. 遞減稅

C. 比例稅

D. 統一稅

5. 下列（　　）稅種是聯邦財政收入中最大的一個來源。

A. 社會保險稅

B. 個人所得稅

C. 企業所得稅

D. 消費稅和關稅

答案：1. A　2. C　3. B　4. A　5. B

二、思考題

1. 美國的主要稅種有哪些？
2. 美國稅收政策的實行對美國的經濟有哪些影響？

三、案例分析

美國的稅制結構

美國稅收結構

聯邦稅以個人所得稅、社會保險稅、公司所得稅為主，此外還有遺產稅與贈予稅、消費稅（包括一般消費稅及專項用途消費稅）、暴利稅、印花稅等。關稅是由關稅署負責的稅種。各州一級稅制不完全一致，一般有銷售稅、所得稅、財產稅、遺產稅和繼承稅、機動車牌照稅、州消費稅等。地方主要以財產稅為主。此外有對旅館營業供電、電話使用徵收的營業稅、許可證稅等。美國各級政府的稅收總收入在20世紀80年代占國內生產總值的比重穩定在26%~28%。各級政府稅收收入占財政總收入的80%以上，聯邦政府稅收收入則占財政收入的90%以上。1988年，在聯邦稅收總額中，個人所得稅占45.36%，公司稅占10.68%，社會保險稅占37.26%。在州一級稅收總額中，1986年對貨物、勞務徵稅占59.62%，個人所得稅占28.97%，公司稅占1.83%。在地方一級稅收總額中，財產稅占70.04%，對貨物、勞務徵稅占20.01%，個人所得稅占5.89%。

美國應稅收入的免、抵、扣

稅收的免、抵、扣指的是納稅人在填寫年度納稅申報表時，可以依據有關規定將某些開支從其年度應稅毛收入中扣除，以形成經調整的應稅總收入，再以此為基礎進行納稅。每個納稅人的免、抵、扣金額視其年收入水平和開支性質而各不相同。一般而言，家庭住房按揭、慈善捐贈、業務開支、被撫養人的數量以及教育費用支出和子女看護費用等都是可影響納稅人稅負的變量。另外，部分個人退休帳戶、個體經營者的退休年金計劃、學生貸款利息、贍養費、某些教育費用開支以及搬遷費用等也可依據有關規定從應稅總收入中予以扣除。根據1997年

稅法的規定，每名17歲以下兒童可以享受現金返還400美元的稅收抵免，后經2001年、2003年和2004年數次調整，目前每一兒童可享受的現金返還式稅收抵免額為1,000美元。照顧兒童及被撫養人稅收抵免（Child and Dependent Care Credit），可將為照顧兒童支出的看護費（每一兒童最多不超過3,000美元，或兩名或更多的照顧對象不超過6,000美元）的35%抵免應稅收入。納稅人經調整后的總收入超過15,000美元時，抵免率相應下調，但最低不得低於20%。繼續教育費用支出抵免：為鼓勵學生接受高等教育，納稅人接受大學本科教育頭兩年的絕大部分學費支出可用於稅收抵免。替代最低收入稅收抵免（Alternative Minimum Tax）：納稅人可根據聯邦和州有關規定以及自身收入及家庭財務負擔狀況，在每年的最后報稅申報日（一般是每年的4月15日）之前，申請某些稅收的抵、免、扣，最后根據上一年度繳稅的實際情況多退少補。但此計算過程非常繁復，一般都會委託專業註冊會計師來完成。

通常來說，稅收體制的目標，不僅是為政府履行既定的職能籌集足夠的收入，還要力求簡單、高效、公平，並且不能損害經濟增長。但要求改革稅收體制的人認為，聯邦稅收制度沒能符合其中任何一項標準。

思考：
1. 美國稅收制度存在的問題與危害。
2. 針對美國稅收制度存在的問題，請你提出建議或看法。

第八章
美國的世界貿易政策

第一節　美國貿易政策的演進

　　從 21 世紀初開始，美國的貿易政策一直處於世界經濟的核心地位。兩次世界大戰之間的那個歷史時期，貿易保護主義曾經是大蕭條加深並曠日持久的主要原因。其頂峰是制定了臭名昭著的《斯莫特·霍利關稅法案》，其國際後果是加速了第二次世界大戰的爆發。後來，美國開始實行貿易自由主義，並在推進貿易自由化方面起了帶頭作用，兩者結合在一起，創建了關貿總協定，促進了戰後的世界經濟繁榮。20 世紀 70 年代，限制貿易的傾向又開始明顯抬頭，到 80 年代，這種傾向進一步加強，重又開始對世界經濟的穩定帶來威脅，並在國內外引起了深深的憂慮。克林頓政府上臺以來，實行了更富有進取性的對外貿易政策。

第二節　美國經濟政策對美國製造業的影響

　　從 20 世紀 80 年代開始，美國製造業經歷了明顯的衰退。1979—2010 年間，美國製造業工作崗位從 1.94 億個減少到 1.15

億個，降幅為40.7%，其中，2000—2010年尤為明顯，共有5,900萬個製造領域的工作崗位消失，降幅為33.8%。美國勞工部數據顯示，過去13年間，每季度平均有占總數3.5%的工廠關閉，而僅有2.6%的工廠新投產。事實似乎表明，美國企業在本土保留核心研發、將規模製造外包或外遷的模式，並不符合新一輪技術革命的特徵：電子與通信產業可模塊化與可複製化的特點，加快了知識的溢出效應，由美國公司巨資開發的技術很容易被海外公司獲得，並搶先開發為可商業推廣的產品；製造業大規模外遷還造成本地產業鏈斷裂，進而損壞產生創新的基礎結構，不少企業的研發部門也隨之遷往他國。美國國家科學技術委員會的數據顯示，2000年美國的高端科技產品尚有50億美元的貿易盈餘，到了2011年則逆轉為高達990億美元的赤字，占總體貿易赤字的17%。在半導體記憶存儲裝置、鋰電池、平面顯示器、機器人、太陽能電池、高端照明、氧化物陶瓷等領域，美國曾經是技術的發明者，現在卻落後於其他國家。

美國現在發現自己的製造業正在下滑，給自己的經濟帶來了嚴重的問題。歐巴馬擔任總統以來，制定了許多製造業重回美國的戰略政策。如2014年1月24日，美國總統歐巴馬在國會發表其任內第三次國情咨文演說，高調宣布要重振美國製造業，並表示，為促進製造業企業向美國國內迴歸，政府將提供稅收優惠政策。在當前美國製造業人工成本與能源成本都有所降低的情況下，減稅無疑又為製造業迴歸添加了一個動力。2009—2012年，歐巴馬政府先後推出了「購買美國貨」、《美國製造業促進法案》、「五年出口倍增計劃」、「內保就業促進倡議」等多項政策來幫助美國製造業復興，並逐漸顯現出了政策效果。2011年美國製造業新增23.7萬個就業崗位，製造業投資恢復明顯。製造商協會認為，美國製造業在2012—2013年兩年分別增長了4%和3.5%，高於同期的美國GDP增長預期。尤其是2010年8月11日，美國總統歐巴馬正式將《美國製造業促進法案》簽署為法律。《美國製造業促進法案》終於正式成為法律，讓美國的製造商歡欣鼓舞，因為這將對大型和小型製造企業的發展

都起到推動作用。該法案降低了在美國做生意的成本，並刺激了美國的出口，使得美國製造業生產力年平均增速達 3.8%。這些政策促進了美國的製造業快速迴歸，就業崗位也越來越多，就業率也越來越高。美國在自己遭受經濟危機之後和發現自己的製造業開始下滑時，立即制定了這些政策。它們使美國漸漸地擺脫了經濟危機帶來的危害，使美國經濟漸漸地復甦，讓製造業重回美國，並有效地提高了美國的 GDP。

第三節　美國的移民政策

美國移民的四個時期

（1）早期：自由開放（從美國獨立並建國到 19 世紀 80 年代初）；

（2）中期：限制移民和區域差別（從 1882 年到 20 世紀 50 年代初）；

（3）近代：緩和與地域差別更正（從 1952 年到 20 世紀 80 年代末）；

（4）當代：職業技術移民（從 1990 年開始）。

歷史上的移民潮帶動美國走向強大，美國接受移民的數量超過世界上其他國家所有移民數量的總和，每年都有超過 100 萬的合法移民進入美國，此外還有 100 萬～300 萬的非法移民。當今美國移民現狀：1/8 國民是新移民，移民慢慢趨向高技術移民。每年幾乎都有超過 2,000 萬人由於學習、旅遊或商務等方面的事宜獲得進入美國的簽證。1986 年國會通過《辛普森—馬佐利法案》，試圖通過規定雇主的責任來限制移民，但這絲毫沒有減少合法或非法移民的湧入。事實上，美國的精英集團一直都在努力淡化移民法律及其執行，因為大量的移民都可成為廉價的勞動力。

200 多年來的美國移民政策，都可以集中在兩個本質問

題上：
(1) 是否允許移民？什麼樣的人可以移民？
(2) 對移民給予什麼樣的經濟和政治權利或者社會福利？

不同的社會群體及政治家，對於移民政策的看法，都可以簡化到這兩個方面來看。

對於白人種族主義者而言，他們擔心種族消亡，他們反對任何非白人的移民，反對給予移民政治權利。對於各種少數民族群體而言，他們支持移民，也支持給予移民所有權益。對於工會尤其是技術工會而言，他們反對移民，尤其反對低技術工人移民，但支持給予已經在美國的移民相應權益。對於企業而言，它們需要自由工人，所以支持自由移民，但只贊成給予移民經濟權益（就業權），對是否給予政治權益則不關心甚至反對，比如罷工這樣的政治權利。

由於美國的國境線非常長，對於非法移民無法完全阻止，還不如加以控制和引導，有針對性地提高門檻，引入自己需要的移民。對美國來說，調整移民政策，進一步向技術移民傾斜，是相對更好的妥協。但這種偏移在某種程度上存在極大風險，這樣可能會導致對拉美裔美國人的歧視。特別是墨西哥政府，也反對美國實施移民強化政策。

美國是一個移民大國，移居美國對於大部分有移民意向的人群是一個重要的選擇。從建國初期移民踏入北美大陸開始，美國已經陸續接納了 7,000 萬移民。其中包括不少的建國先賢、為美國打下堅實基礎的企業家、網路科技的創業家等，還有擁有「美國夢」而為美國的社會基礎設施建設做出了應有的貢獻的一類人等。美國的移民來自世界各國，不同的國家、不同的族裔匯聚於此，給美國的文化添上了多彩的一筆。

美國當前的移民政策的概念是 19 世紀初建立的，主要是回應大批來自歐洲的早期移民。政策從人倫出發，目的是促進家庭團聚。1964 年美國終止了「手臂計劃」。這項計劃從二戰爆發後開始招募鄰國墨西哥的移民，以解決戰後美國境內的勞動力短缺問題；1965 年國會新頒布的移民法修正了 1952 年《移民

與國籍法》中歧視性的「國籍配額」限制，並優先考慮以家庭團圓為由的移民。這些措施帶給美國近代史一大轉變，大量的各國人民移居美國。美國移民法規最近一次大幅度修改是1990年的新移民法。這項移民法修正的最大特色在於提高美國合法移民的配額。但這一移民政策仍有缺陷，阻擋了不少在美國留學的精英人才移民美國。

美國移民的相關政策

1. 親屬移民

它主要指直系親屬，即美國公民的配偶、未成年子女與成年公民之父母。

第一優先：美國公民之未婚成年子女；

第二優先：永久居民之配偶與未婚子女；

第三優先：公民之已婚子女；

第四優先：公民之兄弟姐妹。

2. 聘雇就業移民

第一優先：優先勞工——不需取得勞工局之認同，但需具備下列條件：具有特優、特殊或特異技能的外國人，傑出（著名）教授或研究人員，跨國企業的經理或管理級人員。

第二優先：具有學士或更高學位之專業人士，或者在科技、藝術、商業等方面有特殊能力者。

第三優先：技術勞工、初級專業人員、非技術勞工。需具備的條件如下：技術勞工需要兩年的技術培訓或者工作經驗。

第四優先：特殊的移民。宗教人員如牧師、海外單位所聘雇之特定雇員、駐巴拿馬運河之員工、國際組織或國際機構的員工。

第五優先：在境內投資設立公司並參加所投資公司營運者。

美國移民政策是近代美國制定的一項非常有意義的政策，但任何政策的制定與實施都具有一定的弊端。20世紀90年代的移民政策是美國適應全球化的準備，但這一套政策仍然有缺陷：對在美留學生的配額少，阻礙了在美留學生在美國成為高科技

技術人才，對建立更完整的勞動結構有很大的影響。移民政策是美國政府的重大財政負擔，巨大的花費遠超其他組織機構。

美國以每年100多萬的移民數量吸收來自世界各國的移民，歷來被人們看成是移民國家，美國也一直發布政策吸引外國公民移民美國。而美國移民簽證類型分為：美國親屬移民（IR1、F1、F2A、F2B、F3、F4）、美國公民配偶移民（CR1）、美國公民長期居住外國而申請其外國配偶移民（CR1）、美國未婚夫妻簽證（K1）、美國傑出人才職業移民，包括跨國公司管理人員調派美國轉綠卡申請（EB-1）、美國職業移民（由雇主申請勞工證書）（E3）、美國非技術性勞工移民（EW）、美國投資移民（EB-5）、其他非移民簽證（B1/B2、H1、L1、F1）。

2001年《美國移民法》規定，凡具有合法居留權的外國移民，都可以申請加入美國籍，但必須符合一定的條件，才能得到准許：必須在取得永久居留權後，連續在美國居住5年——這是取得入籍的最低居住年限；與美國公民結婚的外籍公民必須在保持兩年的婚姻生活之後，才能夫妻雙方一同向移民局提出入籍的申請；在提出入籍申請時，必須在美國已連續居住5年的最後半年裡，並且已在當地的州或城市裡至少居住了6個月的時間；入籍的申請者必須年滿18歲。在美國已具有永久居留資格的16歲以下的外籍人士，其父母已取得美國公民權的，可隨同父母自動取得美國國籍。但16～18歲之間的子女，則必須獨立申請入籍；必須具備初步的英語讀、聽、說和寫的能力；必須在居留美國5年的時間裡表現良好；必須對美國歷史與憲法、移民法有一定的瞭解；申請公民身分者必須放棄原有的國籍，若仍想保有其原有國籍，則不能成為美國公民。

美國總統歐巴馬近日以行政令的方式公布了移民改革措施。這個被一些媒體稱為「移民新政」的措施在美國引起了較大反響，支持者有之，反對者更有之，特別是掌控國會參眾兩院的共和黨反應激烈。當地時間2014年11月20日晚，歐巴馬在白宮東廳對國民發表講話時宣布了「移民新政」的主要內容，他同時呼籲美國人同情那些生活在陰影之中的數百萬名無證件移

民。他說，把這麼多人驅逐出境「不是我們美國人應該做的事」，但歐巴馬表示，他的舉動不會讓這類人獲得公民身分，因為只有國會才有這種權力。他告訴國會議員，或者接受他的做法，或者做出妥協，在立法層面對移民體系進行全面改革。

美國是個移民國家，目前有 1,100 多萬非法移民（即無證件移民），其中半數是經墨西哥入境的拉美人。根據歐巴馬的行政令，在美國生有子女（自然成為美國公民）的非法移民，居住滿 5 年以上，且無重罪記錄，可以每三年申請一次工作許可。美國有關部門估算，此類人員總數超過 400 萬人，其中大部分人有資格獲得新的合法身分，在美國合法地工作。此外，新政的其他內容還將確保另外 100 萬人免遭驅逐。青少年移民組織「夢想聯盟」的宣傳主管說，將有「500 萬人會感受到這個國家的溫暖懷抱」。

歐巴馬此時推出「移民新政」，也不單是為了解決非法移民問題這麼簡單，政治的考量恐怕更為重要。前不久的中期選舉，民主黨慘敗，造成了共和黨在參、眾兩院占多數的局面。2016 年，美國又將迎來總統大選。歐巴馬的移民改革，在爭取移民群體的支持方面會有較大作用。2014 年 11 月 21 日，歐巴馬在訪問內華達州拉斯維加斯時，連續五次強調「不會放棄」移民政策改革，呼籲國會制定永久性的法案來解決移民問題。在拉斯維加斯，拉美裔美國人是一個龐大的選民群體。

歐巴馬的「移民新政」在民主黨、共和黨之間引起激烈的政治紛爭當在意料之中。其實，共和黨在歐巴馬「移民新政」醞釀階段就明確表示不支持。歐巴馬主張通過一些措施將來自拉美的非法移民「合法化」，但共和黨認為重點應放在杜絕非法移民入境上。對歐巴馬繞開國會以行政令方式單邊行事的做法，共和黨更是感到惱火，眾議長博納甚至指責歐巴馬的表現像個「獨裁的皇帝」，並稱：「如果總統堅持己見，我們將與他對抗到底！」

而民主黨方面稱，移民改革對美國經濟增長、國土安全和未來發展都有益處。希拉蕊·克林頓發表聲明支持歐巴馬的

「移民新政」，同時指責共和黨「在移民問題上推卸責任」。希拉蕊在 2008 年被歐巴馬蓋過風頭從而未能成為民主黨總統選舉提名人，這次在 2016 年代表民主黨競選美國總統，但是最終被共和黨「黑馬」川普擊敗而未能當上總統　。

美國移民政策改革

（1）加強邊境管理、遣返近期入境的非法移民。

（2）將警力更多地集中於打擊罪犯，而不是指向辛勤工作的美國公民身上。

（3）允許在美居住 5 年以上的非法移民以及美國公民的非法移民的父母通過背景審查，並在美繳稅，以合法地臨時居留在美國。

（4）放寬等待綠卡的高技術移民的工作許可。

美國最新的移民政策有兩個要點：對以往移民權益的寬鬆與對新移民審查的嚴格，對移民罪犯的嚴厲打擊與對守法移民的權益保障。

第一條政策主要是為了加大對非法移民的打擊力度，防止過多移民湧入，從而緩解因過多移民帶來的社會不穩定因素，例如非法用工、暴力犯罪和毒品交易。美國著力加強對從拉丁美洲地區尤其是從墨西哥湧入的非法移民的審查、加強邊境巡邏與移民審核、家庭背景調查。美國與墨西哥接壤，墨西哥猖獗的毒品交易使得許多人因走投無路而湧進美國，然而正是這樣，也會帶來更多的涉及毒品的犯罪。

第二條政策中指出了對非法移民犯罪的打擊力度加大，這與第一條中加大審查力度相呼應，能排除很多社會不穩定因素。

第三條減少了對合法移民的親屬的審核，放寬他們的移民條件，有利於更多的合法守法的移民的進入，有利於經濟發展和社會穩定。

第四條改革的目的很明確，即吸收高技術移民，吸收各國的精英，放寬對他們的工作許可，這樣能吸引更多的高技術人才，給經濟蕭條中的美國帶來巨大的活力。然而關於技術標準

的審查卻是一個難點，可能會在執行中帶來一些問題。

不難看出，最新的美國移民政策也是當今世界經濟不景氣的環境下催生出的產物。工業集團需要大量廉價勞動力來加大生產，增加利潤，振興經濟，而美國的移民正是最好的廉價勞動力來源。改革的確立，有助於美國吸引勞動力進入，同時移民湧入帶來的消費增長也對國家經濟發展是一個好消息。移民湧入帶來的問題在改革中也能看出，加大審查、提高移民質量、吸引高技術移民、打擊犯罪、遣返近期非法移民都有利於社會穩定。

最新的美國移民改革政策對移民來說雖是兩面性的，但新移民更難進入與加強對以往移民的權益保障對美國來說都是有好處的，減少了外來的不穩定因素，同時給國家內部經濟發展以動力。

內容回顧：

本章運用精英主義模型分析美國的世界貿易政策。從美國的貿易政策的演進歷程看，美國經歷了從貿易保護主義走向貿易自由主義的過程，但是20世紀70年代以來限制貿易的政策傾向有所抬頭。美國製造業的衰退及其所帶來的工作崗位的消失以及移民政策的發展，從總體上表明，美國的世界貿易政策是為國內最大跨國公司的利益服務的，而以犧牲普通工人的利益為代價。

學習本章，應重點掌握下列幾個知識點：世界貿易政策、美國經濟政策對製造業的影響、美國移民的相關政策及其改革。

復習思考題：

一、選擇題

1. 下列（　　）協議屬於美國、加拿大、亞太地區等12個國家之間的大型自由貿易協定。它是於2015年10月5日在美

國部長會議上達成的一個基本協議，該協議被歐巴馬稱為「美國重返亞洲策略的一環」。

    A. TPP（跨太平洋戰略經濟夥伴協定）

    B. NAFTA（北美自由貿易協定）

    C. FTAA（美洲自由貿易協定）

    D. TTIP（跨大西洋貿易與投資夥伴協議）

2. 下列（　　）說明美國移民政策重點在於吸收高技術移民，吸收各國的精英，放寬對他們的工作許可，吸引更多的高技術人才，給經濟蕭條中的美國帶來巨大活力。

    A. 加強邊境管理、遣返近期入境的非法移民

    B. 將警力更多地集中於打擊犯罪，而不是指向辛勤工作的美國公民身上

    C. 允許在美居住5年以上的非法移民以及美國公民的非法移民的父母通過背景審查，並在美繳稅，以合法地臨時居留在美國

    D. 放寬等待綠卡的高技術移民的工作許可

3. 下列（　　）項不屬於世界貿易的「保護主義」。

    A. 關稅

    B. 配額

    C. 其他阻礙自由貿易的壁壘

    D. 世界貿易組織（World Trade Organization, WTO）

4. 美國進口商品的貨幣價格高於其出口商品的貨幣價格，二者之間的差額就被稱為（　　）。

    A. 傾銷   B. 貿易順差

    C. 貿易逆差   D. 自由貿易

5. 美國力求實現國際貿易和投資的自由化。在此背景下，精英集團對工人實際工資的下降以及不平等加劇的回應措施是（　　）。

    A. 通過接受更好的教育和加強培訓來提高勞動生產率

    B. 實現種族結構的多元化

    C. 通過移民政策，降低勞動力成本

D. 通過福利項目實現社會平等

答案：1. A　2. D　3. D　4. C　5. A

二、思考題

1. 美國經濟對製造業的影響。

2. 歐巴馬推出的「移民新政」是什麼？你是如何看待「移民新政」的？

三、案例分析

（一）美國世界貿易數據相關看點

看點一：美國 2014 年 4 月進出口貿易數據（參見下圖）

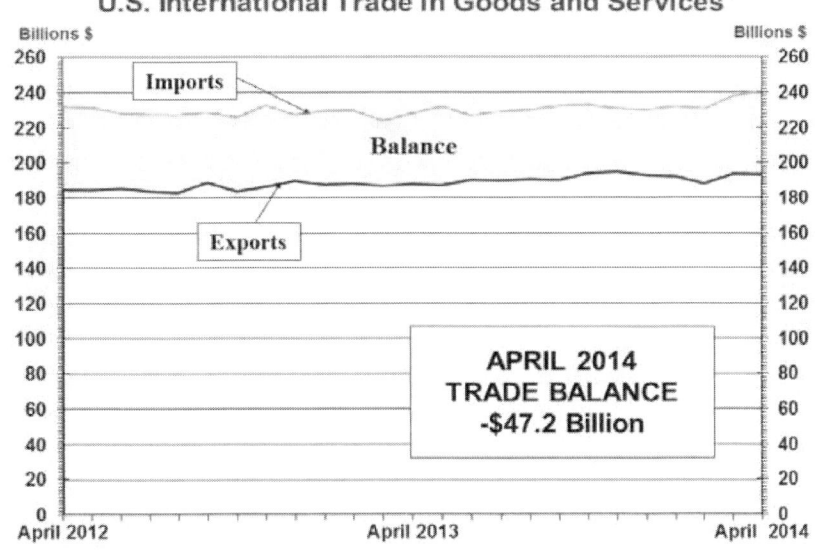

U.S. International Trade in Goods and Services

APRIL 2014
TRADE BALANCE
-$47.2 Billion

6 月 4 日，美國商務部公布了 2014 年 4 月的進出口數據。數據顯示，美國 2014 年 4 月出口為 1,933 億美元，進口為 2,406 億美元，貿易逆差 472 億美元，比 3 月 442 億美元的修正值略有增長。其中，4 月出口比 3 月的 1,937 億美元減少了 3 億美元，進口比 3 月的 2,378 億美元增加了 27 億美元（註：美方數據可能存在統計上的四捨五入問題）。

2014年4月，美國貨物貿易逆差比2014年3月的658億美元增加了33億美元，服務貿易順差比2014年3月的186億美元增加了2億美元。其中，貨物出口額為1,351億美元，比3月減少了6億美元；貨物進口額為2,009億美元，增加了27億美元。服務貿易出口額為582億美元，增加了3億美元；服務貿易進口額為397億美元，增加了1億美元。

2014年4月美國貨物和服務貿易的進出口逆差比2013年4月增長了68億美元，其中，出口增長56億美元，增長了3%；進口增長124億美元，增長了5.4%。

看點二：2015年美國出口下降，貿易逆差擴大

美國商務部經濟分析局17日公布的數據顯示，2015年美國貨物和服務貿易逆差5,398億美元，同比增長6.2%。

貨物出口從2014年的16,326億美元下降至15,135億美元，為2009年以來首次負增長；進口從2014年的23,741億美元，下降至22,728億美元。貨物貿易逆差擴大至7,593億美元，同比增長2.4%。

服務貿易順差下降，從2014年的2,331億美元下降至2,196億美元。服務出口從2014年的7,106億美元下降至7,102億美元；服務進口從2014年的4,774億美元增加至4,906億美元。

2015年美國經常項目赤字4,841億美元，同比增長24%，創2008年以來新高，占GDP比重從2014年的2.2%上升至2.7%。美元升值、出口下降以及海外匯回收益縮水是造成美國經常項目惡化的主因。

看點三：2016年1月美國出口降至五年半以來最低，貿易赤字擴大2.2%

美國商務部3月4日發布的數據顯示，1月份，美國貿易赤字擴大2.2%至457億美元，2015年12月貿易赤字由之前的443億美元向上修正至447億美元；美國對華貿易赤字擴大3.7%至289億美元。

受美元走強和國際需求減弱影響，美國出口連續4個月下

降。1月商品出口下降3.3%至1,169億美元,為2010年11月以來最低水平;商品和服務總體出口下降2.1%,為2011年6月以來最低水平;食品、石油產品出口降至2010年9月以來最低水平;工業用品和原料出口降至2010年3月以來最低水平;非石油產品出口降至2011年2月以來最低水平。

1月商品進口下降1.6%至1,806億美元,為2011年2月以來最低水平。工業用品和原料進口均有所下降,但汽車進口創下歷史最高記錄。

思考:

1. 解釋「貿易順差」和「貿易逆差」。美國的世界貿易長久以來屬於哪一種?它是否有利於美國經濟發展?

2. 運用「比較優勢」理論闡釋美國為什麼要實行貿易自由主義。

3. 請結合現實論述世界貿易對美國的積極作用有哪些。

4. 為什麼精英集團在國際貿易中獲益的同時,大眾利益卻遭受損失?請運用精英主義模型解釋。

(二) 美國新移民人數創新高　來自亞洲的移民的數量持續增長

據美國媒體報導,美國保守智庫移民研究中心的最新人口普查報告顯示,全美2014年的移民人口數量比1980年增加了一倍多,截至2014年7月底,美國移民人口已達到了創記錄的4,240萬人,而截至2015年9月底,相信這一數字應該已經超過了4,400萬。也就是說,每八個美國公民中就有一個是在外國出生的。此外,報告還指出,近年來,來自中東地區的移民的數量增長最為迅速。

報告指出,在2008年美國經濟危機爆發後,美國的移民數量仍在持續穩定增加,2010—2014年之間,就有520萬新移民進入美國,僅在2014年就新增了100萬移民。

單從數字上來看,美國的移民人口中,還是以來自墨西哥、中美洲、中國和印度的移民數量最多。美國的墨西哥移民在2013年增加了13萬人,目前約有包括無證移民在內的1,170萬

墨西哥移民住在美國。

在過去五年進入美國的新移民中，以印度移民最多，為42.6萬人；其次是中國，為35.3萬人。

該報告還指出，在過去五年中，來自伊斯蘭教國家的新移民的數量正在激增。沙特阿拉伯的移民的增幅比重最大，增多了93%；來自孟加拉的移民數量則增多了37%；伊拉克排在第三位，其前往美國的移民數量增加了25%。與此同時，來自歐洲和加拿大的移民數量則在下降。

從美國各州的統計來看，過去五年內，得克薩斯州接受的移民最多，2010—2014年間，該州接納了38萬新移民；其次是加利福尼亞州，該州接納了36.2萬人；排在之後的分別為維吉尼亞州（31.5萬人）、紐約州（16.8萬人）和新澤西州（11.6萬人）。

報導稱，在近幾年湧入美國的新移民中，許多人來自亞洲，而加利福尼亞州和弗吉尼亞州則是亞洲新移民最喜歡居住的兩個地區。

最新的人口普查報告顯示，雖然墨西哥和中美洲的移民在美國移民數量中仍占大多數，但是從亞洲來到美國的移民數量正在持續增加。

2013—2014年之間，共有573,439名來自亞洲的移民進入美國，其中來自印度的新移民為17.1萬人，來自中國的新移民為13.6萬人。

此外，來自亞洲的新移民和來自其他地區的移民以及美國本土民眾相比，一般具有更高的學歷。

在移民數量最多的加利福尼亞州，該州共有3,880萬人口，其中27%也就是1,005萬人口是移民。在移民中，有一半是拉丁裔移民，還有1/3是亞洲裔移民。

——來源：中國新聞網. 美國新移民人數創新高 來自亞洲的移民的數量持續增長

思考：

1. 簡述美國的相關移民政策及其政策改革。

2. 美國的移民政策對美國經濟帶來了什麼影響?

第九章
美國的環境政策

第一節　美國的環境政策概況

　　所有的人類活動都會產生廢棄物。環境問題專家、大眾傳媒、政治家和官僚們可能將污染描述成一種「道德之惡」，但事實上污染是一種生產成本。就像我們不能阻止我們身體的自然功能一樣，我們不能阻止污染。我們一旦理解到污染是不能阻止的進而開始將污染視為人類社會的一種成本時，我們就能制定具有創造性的環境政策。

　　1970年，美國聯邦政府成立了環境保護署（Environmental Protection Agency，簡稱 EPA），負責協調和監督全國的環保工作；並於同年頒布了《全國環境政策條例》（National Environmental Policy Act）。該條例至今仍是美國最重要的聯邦環境保護法律之一。除了政府機構之外，美國還有許多民間的環境保護組織，如「美好地球基金會」（Good Earth Foundation，簡稱 GEF）等。到目前為止，美國聯邦政府已經制定了幾十個環境保護法律和上千個環境保護條例，形成了一個龐大的和完善的環境法律體系，主要負責維護自然環境和保護人類健康不受環境的危害。

　　加強環境教育：環境保護署努力開展教育工作，培養公眾

的環保意識和責任感。

環境保護署是根據理查德·尼克松總統的一項行政命令建立的，其目的是重組聯邦政府機構以加強對下列問題的控制：①水污染；②空氣污染；③固體廢棄物處理；④放射性物質的控制；⑤危險和有毒物質控制。環境保護署是一個有權制定和執行環保政策的管制機構。

1970年美國國會創設了改善環境質量委員會（Council on Environmental Quality，簡稱CEQ），就環境保護問題向總統和國會提供建議，因此可以說改善環境質量委員會是一個諮詢機構。

1970年《空氣潔淨法案》授權環境保護署認定對人體健康造成威脅的污染物，以及制定和執行排放標準。

1972年《水污染控制法案》鞏固了早期的控制污染的法律，卻設定了一個不現實的目標：「到1985年杜絕向可通航水域排放污染物。」經過一系列的訴訟後，環境保護署被迫放棄零排放的標準。

1973年《瀕危物種保護法案》授權美國魚類和野生動植物保護組織確定需要國家保護的瀕危物種，以及管理人類在它們的「主要栖息地」的活動。

《1976年資源保護和恢復法案》授權環境保護署監督全國固體廢棄物的清理和處理，包括對填埋場、焚化裝置、工業廢棄物、危險廢棄物和回收項目的管制。

1976年《有毒物質控制法案》授權環境保護署確定有毒危險物質的名單，並制定這些物質的排放標準。

1980年《全面環境應急法案》建立了一個「超級基金」，以清理原來的有毒和危險廢棄物的填埋地點。

1990年《空氣潔淨法案》的修正案制定了許多新的規定，目的是消除各種公認的對環境的威脅。

布魯金斯學會近日發表的一份環境調查報告指出：美國大都市居民比小城市或者郊區的居民人均二氧化碳消耗更低，這意味著生活在大都市的居民過著更加環保、節能的生活。在這100個大都市中，人均二氧化碳消耗量最大的城市是肯塔基州的

萊克星頓，最小的則是夏威夷的檀香山，分別是 3.81 噸和 1.5 噸。人均二氧化碳消耗量還隨著氣候、燃油類型和地理位置的差異而有所不同，其中西部城市的消耗相對更低，因為西部的氣候更適合驅散污染物，而且電費和燃油費更高，降低了人們對能源的需求。二氧化碳是主要的溫室氣體之一，也是全球氣候變暖的罪魁禍首。作為全球最大的二氧化碳消耗國，每年全美的二氧化碳排放總量為 66 億噸。

但美國正在為亞洲鯉魚的數量而擔憂，因為它們數量龐大，已達到人類無法控制的地步，美國擔心它們進入了密西西比河，破壞了美國的生態平衡，美國官方已將它們列為「最危險的外來魚種」。

美國的環境質量總體非常好，這除了得益於先天優越的自然條件外，與美國環保工作的高成效有關——政府、企業和公眾之間，形成了「共同但有區別的責任意識」。政府的作用，主要是投資、規劃和監管（立法和執法）。企業方面，多數大企業都很重視承擔社會責任，環保資助、污染補償做得比較好。除了企業，非營利機構、社區等對環保的投資也相當大，其資金主要來自老百姓的捐款。

美國對超過規定排放量的企業實行嚴厲處罰，每年年終檢查，SO_2 排放每超過一噸將被罰款 2,000 美元。與每噸 SO_2 的減排成本不到 1,000 美元相比，減排行動比超排更合算，這有效地消除了企業違規的動機。在交易實踐上，交易費用是一個不可忽視的問題，它會影響排污權交易效率，是影響排污權交易市場活躍程度的最敏感的變量。

美國擁有世界第三大的國土面積，但是人口總量卻僅有 3.1 億，其主要國土面積都位於最適宜人類居住的北溫帶，而且擁有東、西兩條海岸線，氣候濕潤，平原多、荒漠少，人口分佈比較合理。充裕的環境資源容量還得益於美國高度重視對重要生態功能區的保護，各類生態功能區一經劃定就具有法定效力，不得隨意更改。紐約中央公園、舊金山金門公園、紅木國家公園等一大批國家和州立森林公園都有百年以上的建園史。美國

國家公園管理局管理著 57 座國家公園、327 處自然和歷史保護地，可以說，美國的自然精華都得到了良好的保護。從 20 世紀 20 年代開始，美國就一直在主導著世界工業化潮流，並從 20 世紀 80 年代開始步入工業化後期生態恢復階段。如今的美國仍然是美麗花園，因為它已經經過了幾十年的生態恢復，更重要的則是它的工農業發展擁有與生俱來的充裕環境容量，經受得住經濟發展的「折騰」。

從某種程度上說，美國的生態環境保護歷史就是一部環境保護法制史，法制貫穿於美國生態環境保護的一切工作中。美國生態環境保護立法遵循三大基本原則：第一，為所有的聯邦機構規定了特別職責；第二，創設對私人企業的生產和生產過程所產生的污染處置加以管理的污染規制體系；第三，頒布對某些特殊性質的地域、植物、動物加以特殊保護的法規。美國聯邦、州、區域和地方政府都可以制定本轄區的環境保護政策目標，但是下一級政府制定的規定只能比上一級政府制定的規定更加嚴格，同時四級政府之間相互合作，共同制定規則並監督實施，以確保環境保護目標實現。美國的環境保護政策還規定，非政府組織、公眾和媒體可以對環境保護目標實現情況進行監督，並可以對失職行為提出訴訟或彈劾。

只有當污染不成為生產者的成本——那就是說，當生產者可以忽視其污染成本，且將該成本轉嫁給他人或整個社會時，公正選擇理論才視污染為一個「問題」。當個人、公司和政府從事一種將額外成本強加給他人的活動時，「外部性」就出現了。

出抬環境政策的成本是非常高昂的。當考慮到環境治理的重要性時，這些代價往往被忽視了。

公共選擇理論要求根據環境政策對社會的淨收益來評估這些政策的效果。也就是說，環境政策的成本不應當超過其給社會帶來的收益。

各種機構中的官僚，包括環境保護署的官僚，都會出於許多動機而高估環境風險，並把過多的治理成本強加給社會。

傳統上，環境政策依賴於集中和統一的控制——行政的或

者立法的規章制度，要求使用環境控制設備或對特定的環境場所和污染源實施嚴格的排放標準。

雖然政府行為在抑制環境的外部性上具有必要性，但公共選擇理論仍認為建立私人的經濟激勵機制來降低污染比依賴集中、統一的特定規章更好。

美國《全國環境政策條例》制定於20世紀70年代。作為國際上最早出現的環境保護基本法，它在環境保護理念、制度和程序構建等方面有突破性規定。它至今仍能體現立法者的前瞻性，同時它也體現出美國環境法律從依賴普通法為主向依賴特定法為主來實現環境質量目標。

美國的環境法是經過時代的檢驗才逐漸完善的。在人類的歷史上，美國是第一個能夠在破壞自然環境100年後就開始立法保護自然環境的國家。此後，美國保護環境的法律逐步發展，並在特定方面有所改善，如保護森林、野生動物等。

環境政策的設定受到有影響力的個人、有組織的利益集團、設計政策的組織、政治候選人、官居一定職位的人以及重要的大眾媒體的影響。數據顯示，儘管美國人口在增長，廢棄物卻在以更快的速度增長。總體而言，固體廢棄物、有毒廢棄物、水污染、空氣污染等問題在環境法的制約下逐漸改善。絕大多數美國人認為環境政策是自上而下制定的。

每個美國人每天產生約4.5磅即約2千克的固體廢棄物。全美國每年向環境傾倒的廢棄物包括8,200萬噸水、480億個罐頭盒子、260億個瓶子和杯子、20億個一次性剃刀、160億片一次性尿布和400萬輛汽車和卡車等。國家每年花費幾十億美元把這些固體垃圾從公民居住區和工廠裡運出來。一般來說，有3種處理固體廢棄物的基本方法。現代的填埋法幾乎完全取代了城鎮垃圾堆放法，一些社區花錢租用其他社區的垃圾填埋場，與垃圾產生地有幾百千米之遙，但這並不是長久的解決之道。另外一種方法是垃圾焚燒。這種垃圾處理方法存在的一個問題是，焚燒垃圾仍然會排放污染物。另外一個問題是，在垃圾分揀過程中分離出的垃圾仍然需要處理，因此對垃圾填埋地點的

需求只是減少了，但仍無法完全消除。第三種就是循環再利用。在美國，約有30%的固體廢棄物被循環再利用，20年前只有10%的固體廢棄物被回收再利用。

許多物質都被環境保護署宣布為有害物質，有毒化學物質的排放量在過去的10年裡減少了近一半。美國也避免了類似於印度博帕爾死亡3,000人的毒物泄漏事故。核能廢棄物是一個特殊的問題，這些廢棄物具有放射性。美國大多數核廢棄物都存放在其生產地，還沒有找到長期的處理方案。來自舊的垃圾填埋地點的有害廢棄物也形成了一大環境難題。依據1980年和1986年頒布的《超級基金法案》，環境保護署承擔清除這些垃圾填埋點的責任。環境保護署基於危險等級系統，列出了國家優先治理的地點清單。環境保護署共列出了1,500多個有害垃圾填埋點，但到目前為止，只有約40個（占總數的3%）已被完全清理乾淨。

水污染主要來源於：①家庭污染；②工業污染；③化肥、殺蟲劑等農業殘留；④自然的循環過程，包括殘渣堆積和沉澱，這一過程可能因附近的建設過程而加劇。總體而言，農業是美國水污染的主要源頭。依據1974年《安全飲用水法案》，環境保護署有權設定全國水質的最低標準。但環境保護署並沒有把渣滓、細菌、磷酸鹽和其他污染物的含量設定為零標準。在最近的20年來，美國的水質有了顯著的提高。

空氣污染物有顆粒物質和廢氣兩大類。環境保護署制定了限制條款以控制特殊物質（煤炱、粉塵）的排放。但在紐約、芝加哥、華盛頓特區等地方，這些物質的排放量大大超出了限制。環境保護署宣稱1970年頒布的《空氣潔淨法案》及其修正案的實施，使得48%的主要污染物在30年間已經全面減少。儘管國內生產總值增長了145%，交通運輸里程增加了155%，能源消費增多了42%，人口增長了38%，但空氣質量還是得到了顯著提高。

環境政策的執行涉及為執行立法機關所確定的政策而設計的所有活動。1997年，在聯合國關於全球氣候變化的大會上，

經談判形成了《京都議定書》。但美國拒簽。美國人對履行這一政策能否成功阻止或減緩全球氣候變化還不能確定。當然，環境政策需要公眾的力量，只有加強公眾的環保意識，整個社會的環境問題才會大幅度改善。

美國環境法是美國制定的關於保護環境和防治污染的法律法規的總稱。第一個關於污染防治方面的法律是1899年的《河流與港口法》(亦稱《垃圾法》)。隨後又頒布了《聯邦殺蟲劑法》(1910年)、《防止河流油污染法》(1924年)、《聯邦食品、藥品和化妝品法》(1938年)等。20世紀50年代前後，由於環境污染事件增多，美國開始重視聯邦的污染防治立法，先後頒布了《聯邦水污染控制法》(1948年)、《聯邦殺蟲劑、滅菌劑及滅鼠劑法》(1947年)、《原子能法》(1954年)、《聯邦大氣污染控制法》(1955年)、《聯邦有害物質法》(1960年)、《魚類和野生生物協調法》(1965年)、《空氣質量法》(1967年)、《自然和風景河流法》(1968年)等。此外，還多次修改了《水污染防治法》和《大氣污染防治法》。到1970年，美國頒布了《全國環境政策條例》，標誌著其環境政策和立法進入了一個新的階段，從以治為主變為以防為主，從防治污染轉變為保護整個生態環境。隨後，又頒布了《環境質量改善法》(1970年)、《美國環境教育法》(1970年)、《海岸管理法》(1972年)、《海洋哺乳動物保護法》(1972年)、《海洋保護研究及禁漁區法》(1972年)、《聯邦環境殺蟲劑控制法》(1972年)、《噪聲控制法》(1972年)、《安全飲用水法》(1974年)、《瀕危物種保護法案》(1973年)、《聯邦土地政策及管理法》(1976年)、《有毒物質運輸法》(1975年)、《資源保護與回收法》(1976年)和《有毒物質控制法》(1976年)。進入20世紀80年代後，美國進一步加強了酸、能源、資源和廢棄物處置方面的立法，制定了《酸雨法》(1980年)、《機動車燃料效益法》(1980年)、《生物量及酒精燃料法》(1980年)、《固體廢棄物處置法》(1980年)、《超級基金法》(1980年)和《核廢棄物政策法》(1982年)。到目前為止，美國聯邦政府已經制定了幾十個環境

保護法律、上千個環境保護條例,形成了一個龐雜的和完善的環境法體系。美國是一個聯邦制國家,各州也有自己的環境法,並具有重要作用。

美國環境法歷史分為三個時代:初始時代、奠基時代、成熟時代。通過對時代的界定就可看出環境法在各時期的發展狀況。如初始時代的美國環境法處於初創時期。此時當代意義上的環境法概念尚不存在,但是已經有了原始的保護環境的法律。初始時代保護環境法律的立法目的並非保護環境,而是商業目的和人類的功利追求。它們將900多萬平方千米土地上的自然環境破壞得如此嚴重,同時又取得了舉世公認的成就。也沒有哪一個國家能夠在破壞自然環境100年後就開始立法保護自然環境。造成這種現象發生的根本原因是科技、經濟、法律和社會在這100年間的巨大進步。在歐洲移民剛剛踏上如今屬於美國的土地時,他們破壞自然的能力還非常有限。在自然面前,他們幾乎不堪一擊。這可以從早期殖民者極高的死亡率得到證實。隨著科技的發展,殖民者們破壞自然和保護自我的能力迅速提高,美國的自然環境受到了嚴重破壞。獨立並建國後,美國徵服並開拓了北美大陸自大西洋至太平洋的廣闊區域,嚴重毀壞了美國的自然環境。此時,美國人開始思考自然與人之間的關係。

第二節　美國對於全球變暖問題的態度

人們焚燒化石燃料如石油、煤炭等,或砍伐森林並將其焚燒時,會產生大量的二氧化碳等溫室氣體。這些溫室氣體對來自太陽輻射的可見光具有高度透過性,而對地球發射出來的長波輻射具有高度吸收性,能吸收地面輻射中的紅外線,導致地球溫度上升,即溫室效應。而當溫室效應不斷累積,導致地氣系統吸收與發射的能量不平衡,能量不斷在地氣系統累積,導致溫度上升,從而造成全球氣候變暖這一現象。

全球變暖表現在 1981—1990 年全球平均氣溫比 100 年前上升了 0.48℃。導致全球變暖的主要原因是人類在近一個世紀以來大量使用礦物燃料（如煤、石油等），排放出大量的 CO_2 等多種溫室氣體。這些溫室氣體導致全球氣候變暖。在 20 世紀，全世界平均溫度約攀升 0.6℃。北半球春天冰雪解凍期比 150 年前提前了 9 天，而秋天霜凍開始時間卻晚了約 10 天。20 世紀 90 年代是自 19 世紀中期開始溫度記錄工作以來最溫暖的 10 年，在記錄上最熱的幾年依次是：1998 年、2002 年、2003 年、2001 年和 1997 年。

氣候變得更暖和，冰川消融，海平面升高，引起海岸灘塗濕地、紅樹林和珊瑚礁等生態群喪失，海岸侵蝕、全球變暖，海水入侵沿海地下淡水層，沿海土地鹽漬化等，從而造成海岸、河口、海灣自然生態環境失衡，給海岸生態環境系統帶來災難。

美國總統科學顧問委員會向肯尼迪總統提交《農藥的使用》報告，證實了卡遜的警告，從而把環境問題正式提到聯邦政府的議事日程上。1965 年，該委員會又向約翰遜總統提交《恢復我們的環境質量》報告，是美國現代環境史上第一個政府發表的綜合環境報告，全面考察了現代社會所面臨的各種污染問題，包括排放二氧化碳所引起的全球變暖現象，提出了通過制定經濟鼓勵措施減少污染、加強環保方面的研究和人才培養等建議。

環境保護主義者認為，現在需要採取「猛烈的行動」來避免「災難性」的全球變暖。美國前副總統阿爾·戈爾（Al Gore）是這種觀點的典型代表，即政府不能坐等有充分科學證據證實全球變暖再採取行動，而必須立即建立一個「全球環境規範系統」以「拯救我們的地球」。1992 年，在里約熱內盧，美國時任總統老布希簽署《全球氣候變化公約》即《里約協定》並經美國參議院批准通過。近年來，歐巴馬政府更強調新興能源產業發展和增效節能，力求將經濟復甦、能源安全與氣候變化統籌考慮。目前，美國內外大環境為歐巴馬在任期間內促能源轉型、外推氣候變化政策奠定了良好基礎。

1997 年對《里約協定》的一次具有深遠意義的修訂，即我

們所知的《京都議定書》，在聯合國關於全球氣候變化大會上經過談判而達成。儘管《里約協定》要求各國自主決定降低溫室氣體的排放量，但《京都議定書》要求美國和其他發達國家在2008—2012年間將其排放量降低到1990年的標準。美國雖然拒簽，但到目前為止，歐巴馬的 科技、能源與環境政策可謂兼顧了理想和現實。作為其施政的一個核心舉措，歐巴馬政府許諾10年內撥款1,500億美元發展和啟用清潔能源技術，希望以此來創造就業機會、刺激美國經濟發展，減少對外國石油的依賴，減緩全球變暖的態勢，並引領世界新能源經濟時代。

第三節　美國的核電問題

為了滿足不斷增長的電力需要，促進國民經濟可持續發展，美國是進行核電開發的先驅，因為核能是人類可獲得的最乾淨、最安全的能源方式。僅在1990年，美國就有超過100座商業化核動力堆投入運行（註：期間有核能反對者的抵制，不然數量會更多）。然而因為廣島核彈爆炸的後果令人心驚，很多人還是對核問題有一種抵觸心理，核電的發展因此一直處於停滯不前的狀態。近幾年，伴隨著工業的不斷發展，能源的重要性使得清潔、經濟、可靠的核能也有了復興的趨勢。美國一直是全球第一大核能電力消費國，但過去的整整30年，美國沒有建成一座核電廠，直到2010年，歐巴馬政府決議興建兩座新的核電站。這段漫長的空窗期的拐點就出現在1979年賓夕法尼亞州三里島發生核泄漏危機。

經過三里島核泄漏危機之後，美國的核電站建設開始陷入停滯。在事故發生後5年內，更是直接取消了51個核電站建設項目。

2005年，在任的小布希因為海灣戰局不利，重提興建核電站的計劃；2010年3月，歐巴馬政府通過了這項始自2007年的決議：由聯邦政府貸款83億美元在佐治亞州的Waynesboro附近興建兩座第四代核電站。

歐巴馬在白宮的發言中宣稱：「為了創造更多的工作機會，創造清潔能源的消費，我們需要更高效的產品。能滿足這一要求的做法，就是在這個國家建造新型核電站。」

事實上，三里島事故發生後，在美國和歐洲掀起了巨大的反核電聲浪，它們多少受到了「冷戰」核恐懼的推動。但今天，美國人對核泄漏的糟糕記憶，在能源危機的壓力下被遺忘了。新的危機好像賦予了核電新的機遇。儘管美國在短期內仍然奉行「向海外要石油」的能源政策，但是向碳排放徵稅最終會促使美國轉向新興的清潔能源，從而逐步取代海外的石油。比起風力、太陽能等新能源發電，核電廠的建造成本雖高，但使用效率也要高得多。

2003年，美國有3家公用事業公司與能源部合作，在共同承擔建造成本的前提下，向美國核管理委員會（NRC）提交了申請，希望建造核反應堆地址的報告能早日得到批准。2004年，美國能源部宣布，與兩個工業集團合作，共同承擔建造成本，向NRC申請建造和運行新反應堆的許可證。此後，有多家公用事業公司先后宣布有計劃申請反應堆許可證。很快，全美有意建造新反應堆的數量就達到20個。2006年5月，美國NRC主席Nil J. Diaz在向參議院能源和自然資源委員會做證時說，申請建造反應堆許可證總數已有25個，其中5個仍在積極考慮申報之中。

雖然核電的優點多多，然而我們也不能忽視發展核電過程中存在的問題。當然小心謹慎一點總不會有錯。

內容回顧：

本章運用公共選擇理論模型解釋環境政策。污染是一種生產成本，但是當生產者忽視其污染成本，並將其轉嫁給他人或整個社會時，環境的外部性問題就產生了。公共選擇理論要求根據環境政策對社會的淨收益來評估這些政策的效果。美國不僅重視政府行為對環境外部性問題的抑制作用，更強調建立私

人的經濟激勵機制來降低污染。美國對於全球變暖持積極應對態度，而對於核電的使用較為謹慎。

學習本章，應重點掌握下列幾個知識點：環境保護署、環境的外部性問題及其解決措施、《美國環境法》、全球變暖、美國的核電問題。

復習思考題：

一、選擇題

1. 下列（　　）項不屬於處理固體廢棄物的基本方法。
　　A. 掩埋法
　　B. 焚化法
　　C. 循環再利用法
　　D. 囤積法

2. 要求美國和其他發達國家在 2008—2012 年間將其排放量降低到 1990 年的標準屬於下列（　　）項。
　　A. 《里約協定》（Rio Treaty）
　　B. 《京都議定書》（The Kyoto Protocol）
　　C. 《1976 年資源保護和恢復法案》（The Resource Conservation and Recovery Act of 1976）
　　D. 《1980 年全面環境應急法案》（The Comprehensive Environmental Response Act of 1980）

3. 下列（　　）項法案授權環境保護署確定有毒的危險物質名單，並制定這些物質的排放標準。
　　A. 《1972 年水污染控制法案》
　　B. 《1990 年空氣潔淨法案》
　　C. 《1980 年全面環境應急法案》
　　D. 《1976 年有毒物質控制法案》

4. 美國生態環境保護立法遵循的三大基本原則不包括下列（　　）項。
　　A. 為所有的聯邦機構規定了特別職責

B. 創設對私人企業的生產和生產過程中所產生的污染處置加以管理的污染規制體系

C. 頒布對某些特殊性質的地域、植物、動物加以特殊保護的法規

D. 授權環境保護署監督全國固體廢棄物的清理和處理

4. 美國對超過規定排放量的企業實行嚴厲處罰，每年年終檢查，二氧化硫排放每超過1噸將被罰款（　　）美元。

A. 1,000
B. 2,000
C. 4,000
D. 5,000

答案：1. D　2. B　3. D　4. D　5. B

二、思考題

1. 環境保護署是1970年根據理查德‧尼克松總統的一項行政命令建立的，其目的是重組聯邦政府機構以加強對哪些問題的控制？

2. 針對環境污染的「外部性」問題，公共選擇的解決方案有哪些？

三、案例分析

美國基於技術的日排放總量控制（TMDL）

20世紀70年代以來，農業面源污染逐漸成為世界各國廣泛關注的環境問題。所謂農業面污染源，主要是指土壤中的農業投入品（化肥、農藥等），在降雨或灌溉過程中，經地表徑流、農田排水、地下滲漏等途徑進入水體，造成水體污染，它具有隨機性、分散性、隱蔽性、廣泛性、遷移性等特徵。

日排放總量控制的提出是點源污染向面源污染防控的轉折點。TMDL的制定是將點源污染和面源污染結合起來進行綜合考慮的總負荷分配過程，從而限定面源污染物的日排放總量，減

少水質污染。控制的目標主要是受污染水體，即 BMPs 沒能有效緩解水質受損問題而被拉入「黑名單」進行優先控制的受污染水體。

根據《清潔水法案》303 條款的規定，各州需要鑒定所管轄區的水質，檢測基於技術的排放標準情況下水體是否受到了污染，並對水體污染的嚴重性、水體所處區域及功能的重要性排列名次，將「達標」受污染水體列入「黑名單」，並制定污染物日排放總量控制。因此，列出 303 條款清單，鑒定受損水體，是制定和執行 TMDL 的前提和基礎，目的在於在有限的資源條件下選擇優先性控制。如加州環境法律中對被鑒定為受污染水體的 TMDL 規定是：有毒污染物質的排放不能超過 3%，非毒性污染物的排放不能超過 10%。

TMDL 包括兩個組成部分：一是計算數值（Technical TMDL），分別對點源污染和面源污染進行額度分配；二是制訂具體的執行計劃，由被管部門提出計劃，在監管部門審核通過後實施。計劃內容必須涉及可測量的參數和時間表，具有可操作性。步驟包括問題鑒定、數字目標（即定量化）、污染源評估、關聯分析（發現污染源，並分析與水體污染之間的關聯）、計算額度、配額和減量、執行計劃。TMDL 的制定和實施過程都是以美國先進的科學技術為先導的，使數值測量具有可靠性和精確性。

TMDL 清晰界定了農業面源污染的概念和防控目標，其科學的量化控制技術成為受污染水體治理和恢復的先決條件，促使美國防控政策取得重大成效。

——節選自：李梅，吳江. 美國農業面源污染防控政策的推進 [J]. 世界農業，2013（11）。

思考：

美國環境政策對美國環境保護起到了什麼作用？

第十章
美國的國防及反恐政策

第一節　美國的國防政策

　　世界上主要大國的國防政策是相互依存的，每個國家都必須不斷調整其國防政策，這些政策不僅要反應本國的目標，而且還要反應其對其他大國的行動的預測。政策的結果依賴於對世界各國所做決策的綜合考慮。而且，我們完全有理由相信各國都在努力追求國防政策制定的合理化。美國也一樣，在分析其所有對手可能實行的戰略以後，會選擇那些能夠得到最大回報的國防戰略及政策。

美國國際部標誌

　　美國制定國防安全政策大致可分以下幾個步驟：首先要認真評估本國利益以及本國利益所面臨的各種威脅。一旦明確了主要的威脅，下一步就是制定應對這些威脅並維護本國利益的戰略。戰略確定之後，就必須確定所需要的合適的武裝力量（軍隊、人力、武器、訓練、裝備等）來執行國防政策。最後，必須制定相應的預算來給予這些武裝力量以財力支持。按照國家安全憲法來制定理性的國防政策，要經歷這樣幾個階段：威

脅評估、戰略選擇、軍力配備、預算要求。當然，制定國防政策過程中的每一個步驟都可能出現一些分歧與不確定的因素，包括對國家所面臨威脅的性質和重要程度的評價、應對這些威脅的正確戰略、執行這些戰略所必需的武力水平以及提供這些軍事力量的資金等方面。

美國針對國防安全所做出的措施

　　自1945年第二次世界大戰結束後的40多年裡，美國和蘇聯兩個超級大國進行著對抗，其劇烈程度不亞於歷史上任何一次對峙。的確，核武器使「冷戰」比過去任何一次國家間的對抗都要危險得多。美國和蘇聯的核武器庫足以毀滅全人類數次。然而，核武器的這種殺傷力也使得兩國的領導人在處理雙方關係上保持著高度的冷靜和克制。在「冷戰」期間，不同的國家間發生了許許多多的戰爭，然而，美國和蘇聯的軍隊卻從來沒有進行過直接的戰鬥。

　　美國主要依靠威懾政策來維持和平。威懾是建立在這樣一種思想基礎上的：一個國家即使在遭受敵國的第一波核攻擊後仍擁有反擊的能力，以此來有效遏制一個理性的敵國發起攻擊的企圖。假設發生了最糟糕的情況——本國的核武裝遭遇第一波突然襲擊，威懾強調的是第二次打擊能力——在本國遭受突襲後保留下來的核武裝仍能對敵國本土實施毀滅性打擊的能力。威懾實際上是一種對突然襲擊的心理防禦，但至今還沒有有效應對彈道導彈襲擊的武力威懾。因此，威懾是利用對方對被報復的恐懼心理來維持和平的。

　　為了執行其威懾戰略，美國建立了「三合一」武器系統，包括：陸基洲際彈道導彈、潛射彈道導彈以及戰略轟炸機。「三合一」系統的每一條「腿」都被認為是獨立的、有生命力的、能進行二次打擊的力量。因此，當敵人企圖摧毀美國的二次打擊能力時，「三合一」系統的每一條「腿」都將成為敵人不得不面對的一道難題。

　　針對國防安全、國家的穩定，美國也進行過多次「和平談

判」。例如，在1972年啓動的限制戰略武器會談就具有里程碑式的意義，這次會談標誌著兩個超級大國首次做出了限制戰略核武器的努力。除此之外，美國和蘇聯在1963年達成了一項協議——《部分禁止核試驗條約》，即禁止在空中、水下和太空進行核試驗，只允許進行地下核試驗，認為這樣可以減少大氣中的放射性物質。1974年美國又與蘇聯展開會談，簽署了《限制地下核試驗條約》。所有的這些條約以及進行的會談，都說明了美國為了國家安全，認為在不發動戰爭的情形下，和平談判是最好的方式。

美國國防政策的實施背景

第二次世界大戰結束後，美國未來在世界上將扮演何種角色的問題引起了廣泛的辯論，而最終產生了兩種截然不同的政治觀點。第一種觀點源於保守主義思想，他們擔心一個強大的國家安全體制會危及美國原有的基本價值觀、原則和政治制度。他們認為，一個強大的國家安全機構會浪費資源，嚴格地管制這個國家的人民，並將權力過度集中在聯邦政府尤其是軍隊中。保守主義者還擔心，建立一個強大的行政部門會破壞國會和行政部門之間的制衡。第二種觀點是一種新的國家安全觀念，他們希望美國在世界事務中發揮積極的作用。這種觀點強調，世界已經進入全面戰爭的時代，這種新的威脅需要美國保持更高程度的軍事警惕和戰備，甚至可以為美國的國防而動員國家的所有資源。此外，他們還認為，「和平與自由是不可分割的，因此，美國領導人別無選擇，只有通過捍衛整個自由世界的安全來保衛美國的安全」。兩種截然不同的觀點之間的辯論最終以妥協告終，並對國防問題達成了共識，也正是這種妥協才產生了日後美國的國家安全體制與國家安全戰略。

基於以上的認識，建立更加統一、協調和一體化的安全機構就迫在眉睫。與此同時，在時任海軍部長詹姆斯·福萊斯特爾的支持下，費迪南德·埃伯斯塔特召集的一個研究小組，就軍事和政府體制的改組進行了專項研究，並於1945年9月25日

完成了旨在對美國政府組織體制做出重大改組的《陸軍部和海軍部的整合以及戰後的國家安全組織》即《埃伯斯塔特報告》。該報告奠定了戰後美國外交與國防體制，並對《國家安全法》的出抬發揮了極為關鍵的作用。實際上在《埃伯斯塔特報告》中得以確立的國家安全理念不僅反應在新建立的政府組織體制中，也體現在美國「冷戰」的總體戰略、政策和行為的方方面面。《國家安全法》於1947年7月26日應運而生，依此創建了一大批新機構，包括由「國務院—海軍部—陸軍部協調委員會」改組而成的國家安全委員會、國家安全資源委員會、直屬國家安全委員會的中央情報局、參謀長聯席會議等。由此，確立了戰後美國國家安全體制的組織制度框架。它不僅是對二戰經驗的總結，而且也是為適應當時業已展開的「冷戰」而做出的制度安排，而國家安全委員會則是這種新組織體制的核心。

美國國防政策所產生的問題

　　作為全球霸主，在強勢發展的背後卻隱藏著許多潛在的危機，比如：恐怖襲擊、開支巨大、國內民怨四起等一系列導致國家不穩定的因素。隨著各國科技、軍事以及整個世界的發展，各國的經濟和軍事力量有明顯的提升，而從美國角度而言，作為全球的軍事與經濟的大國，其全球霸主的地位不言而喻。面對其他國家的快速發展，美國要想保住自己的霸主地位，必須要在現有的基礎上快速發展，領先科技最前沿，並且利用自己強大的軍事力量強行介入一些有著豐富資源小國的政治鬥爭，以達到控制其國家的目的，為自己以後的發展爭取更多資源，並且遏制某些國家的發展，來維護自己的霸主地位。比如海灣戰爭、南斯拉夫戰爭、阿富汗戰爭、伊拉克戰爭，這些戰爭都是美國打著聯合國的幌子來為自己國家的發展獲取更多的利益，就是為了防止其全球霸主地位的不穩，將所有不安定因素都扼殺在萌芽之中。但這樣的發展及其國防政策導致了很多問題，比如伊拉克戰爭。為爭奪伊拉克豐富的石油資源，時任美國總統小布希發動了伊拉克戰爭，在強大的軍事力量保障下，迅速

地瓦解了伊拉克政權。但是由於戰爭後續進行的時間太長，導致美國在戰爭中的開支巨大，經濟壓力倍增，又因為全球金融危機的影響，使美國的外債達到了空前巨大的數字，而這些政策的出抬全是因為美國新國防政策的「兩個四」，即「四大威脅」與「四個核心」。根據五角大樓2005年3月公布的《國防戰略》，美國軍方認為美國目前面臨4個方面的威脅：一是非正規威脅，即非國家或國家組織在對抗更為強大的國家機器時採用的非常規手段，包括恐怖主義、叛亂、內戰等；二是災難性威脅，即恐怖分子或所謂「流氓國家」秘密購買、擁有或使用大規模殺傷性武器或企圖獲得效果類似於大規模殺傷性武器的手段；三是傳統性威脅，即合法擁有先進軍事手段和強大軍事力量的其他國家在長期軍事競爭或衝突中給美國帶來的挑戰；四是破壞性威脅，即發展、擁有和使用尖端技術的競爭者在某些領域可能趕超美國。基於上述4個方面的威脅，國防部長拉姆斯菲爾德提出了美國軍事戰略要解決的4個「核心問題」：一是要幫助「垮臺國家」戰勝國際恐怖主義威脅，從美國的利益出發維護國際秩序，為此美國可能要有選擇地進行武裝干涉；二是要保衛本土安全，包括對恐怖組織實施先發制人的打擊，為防止本土遭受襲擊，美國要準備在全世界範圍內打擊恐怖分子；三是要影響世界主要大國的戰略選擇，並確定為達到這一目標所需要的兵力和軍種；四是要防止大規模殺傷性武器的擴散，而解決這一問題可能要發動戰爭，甚至推翻別國政權。

而正是這些政策的制定，確立了美國後續發展的方向，並且美國也毫不猶豫地執行著這些政策。

《2004年度國防報告》中，系統闡述了美國國防戰略的計劃原則、軍事任務的界定、武裝部隊成功完成作戰任務所需的能力及武器裝備發展方向。上述軍隊建設重點內容大都反應在《2005財年國防撥款法案》中。從上述三個文本，可以看出，2005年美國國防戰略與軍隊建設政策動向有以下幾方面：

1. 國防戰略向「先發制人」轉變

自「冷戰」結束後，美國成為全球唯一的超級大國。由於軍

事上沒有能與之抗衡的對手,因此,其國防戰略主要以威懾為主。然而,小布希政府第一任期開始後不久,突發的「9・11」事件改變了美國人的許多固有觀念,同時也引起了其軍事戰略思想的轉變。「9・11」事件使美國人認識到恐怖主義已成為21世紀的主要威脅形式,以反恐戰爭為主的「不對稱戰爭」也成為新的戰爭形式。由於恐怖主義具有的隱蔽性與突發性,導致未來威脅的不確定性,即不知道未來風險會在何時、何地、以何種方式爆發,因此,美國就需要相應調整其國防戰略,這即是「先發制人」國防戰略出抬的背景。

「先發制人」國防戰略,與美國長期以來堅持的「威懾」戰略相對應,成為美國新的防務戰略。其主要目的就是防患於未然,在覺察到對手對美國有威脅時,搶在其行動之前將其擊敗。即過去美國主要是通過威懾敵人來保證自身的安全,現在則企圖通過先發制人戰略迅速擊敗敵人,從戰略上保衛美國及其盟友的安全。正如美國副國務卿阿米塔奇所說:「我們不能給敵人先出手打擊我們或打擊我們的朋友及盟友的機會,不管這些朋友及盟友是阿拉伯國家還是以色列。」根據這一理論,美國有權主觀判斷(臆測)誰對美國的安全構成了威脅,並採取軍事行動,哪怕這種威脅可能實際上並不存在。該計劃的核心主旨是:美國要搶先排除一切競爭對手,建立在美國強權下的世界和平,維持美國的全球霸權地位。同時,為適應「先發制人」國防戰略的變化,更好地應對現在和未來的威脅,保證美國的安全,2004年美國確立了有效的戰略目標和風險管理機制。這種新的平衡風險的機制,不僅包括直接戰爭計劃風險,而且還包括對部隊人員管理和軍事轉型的風險,即降低部隊管理風險、降低作戰風險、降低機構風險、降低未來挑戰風險,達到既能加強部隊建設,有效地防止大規模戰爭等傳統威脅的發生,又能防止恐怖主義襲擊、計算機網路戰及核生化武器攻擊等新型威脅,保護美國安全、維護美國國家利益的戰略目的。伊拉克戰爭是「先發制人」國防戰略的第一次實踐,標誌著「冷戰」結束後美國的戰略思想經過十餘年摸索與實踐,已經出現重大

改變。

2. 建軍模式向「基於能力」轉變

為配合國防戰略的轉變，美國建軍模式要求重點建設應對21世紀新威脅的能力，而不只是應對特定地區的威脅和需求。「制訂防務計劃不只是為了防禦那些已知的威脅，而且也要應對未知的威脅；不僅要關注誰會在何時、何地威脅美國，而且更要知道以什麼樣的方式來威脅美國，以及需要什麼樣的能力來對抗未知威脅。」因此，需要建軍模式向「基於能力」轉變，最終使美國始終擁有絕對的軍事優勢，走在所有敵對國家的前面，才能「先發制人」，從軍事能力上保衛美國及其盟國的安全，把任意地點、任何時候的針對美國的安全威脅都降到最低。經過近3年「基於能力」的建軍探索，並經過「反恐」戰爭的檢驗，應該看到，美軍「基於能力」（而不是傳統的「基於威脅」）的建軍模式已基本成型。在布希政府的第2任期內，這一模式得到了不斷充實和完善。美國把以「基於能力」的建軍模式明確為「1-4-2-1」型。「1」是保護美國本土，「4」是在海外4個地區（歐洲、東北亞、東南亞沿海和中東、西南亞）威懾敵對行動，「2」是在同時發生的2場戰爭中迅速擊敗敵人，「1」是至少在其中1場戰爭中取得決定性勝利。所謂「1-4-2-1」型就是指按以上指標來確定部隊的結構和規模。為達到這一目標，美軍不是通過擴軍來增強實力，而是通過軍事轉型來實現部隊戰鬥力的大幅提高。為支持「基於能力」的建軍模式，布希政府不斷加大國防投入，並將國防預算的重點轉向建設美國軍隊應對21世紀威脅的能力方面。2005年的國防預算總額高達4,250億美元，創歷史新高，其主題就是「應對當前的威脅，為將來的挑戰做好準備」，並重點強調「贏得全球反恐戰爭的勝利」和「部隊繼續轉型，應對2010年及其以後所面臨的威脅」；全力支持「軍事力量的轉型」，淘汰不適應戰略需求的裝備，開發「面向21世紀的新型武器裝備和軍事技術」。另外，為了建設一支基於能力的新型軍事力量，2005財年國防預算加強了在新型裝備技術研發、導彈防禦、信息和情報、空間以及部隊保

護等方面的投資。

3. 裝備採辦向未來作戰需要轉變

為配合部隊建設，需要發展適應未來作戰的新型武器裝備。最近的幾場戰爭，使美國人深刻認識到，高科技武器具有無比巨大的威力和不可替代的作用。因此，美國一直在加快新武器研製的步伐，並淘汰不適應未來作戰需要的裝備。2005財年更加注重採辦適應未來作戰需要的新型武器裝備和技術，用於軍事科研、開發、試驗與評估的費用（RDT&E）達689億美元，比2002年的474億美元增長45%；用於購買新型裝備的費用達749億美元，與2004年的742億美元相比增長不多，但結構有所調整。美軍軍事科研、開發、試驗與評估費預算主要投向作戰研發、系統研究及演示、基礎研究、應用研究、先進技術發展、先進元件研發及樣機等方面。在2005財年的軍事預算中，科研、開發、試驗及評估費重點支持未來作戰所需關鍵技術與裝備的研發。同時，用於軍事轉型的資金也主要列在科研、開發、試驗和評估項目中。這些資金將主要用於美軍軍事轉型工作軟、硬件技術的開發和改進，尤其是在戰備訓練、部隊保護、行動速度、協同能力、情報信息、精準武器、無人平臺及指揮控制能力等方面，以便在全球反恐戰爭中充分發揮先進無人作戰平臺提供的新作戰優勢和能力。美軍削減常規裝備，將節省下來的錢用於發展導彈防禦體系（NMD）、遠程隱形轟炸機、無人駕駛飛機等高科技裝備。在這種氣氛下，五角大樓2002年5月砍掉了價值高達110億美元的陸軍「十字軍」自行火炮合同，2004年又取消了RAH-66「科曼奇」直升機計劃，轉向無人機的研發上。其原因是當年「科曼奇」的設計是為對抗蘇軍大規模坦克群作戰，顯然已不符合現代戰爭的要求。隨著無人機技術的蓬勃發展，「科曼奇」這一致命武器已經遠遠落在了時代的後面。具備打擊能力的無人機恰恰具備了「低成本、高效能」的特點，雖然其仍處於不斷完善中，但為了提高戰場即時偵察能力，美軍已經明確提出了新一代無人機的發展方向：長航時、隱形、空中預警，標誌著無人機成為戰場打擊主力的日子已經為期不

遠了。另外，2005 財年國防預算還投資 100 億美元保障導彈防禦系統，比 2004 年增長 20%，增幅處於所有武器系統之冠。其中，為導彈防禦局提供 91 億美元的資金，用於導彈防禦系統的研發和部署，處於所有武器系統之冠。布希政府已經決定在兩年內部署一個具有有限攔截彈道導彈能力的防禦系統，其具體計劃是：在 2004 財年，部署 10 枚地基攔截導彈；在 2005 年，計劃建立起 20 個陸基導彈攔截系統和 10 個海基導彈攔截系統，同時，早期導彈預警雷達和指揮控制系統的軟硬件設備也得到升級。在 2005 財年還投資 4.87 億美元採購 108 套「愛國者 3」型導彈，98 億美元用於導彈的科研、開發、試驗及評估。此外，根據預算案，2005 年導彈防禦局還投入 2.39 億美元資金，專門用於研發和改進聯合地基巡航導彈防禦系統，並把地基中程防空導彈融入巡航導彈防禦系統的架構中，加速開發綜合火力控制系統和網路傳感器系統，力爭到 2010 年建成第一支具備綜合火力控制能力的導彈防禦部隊。

這些轉變都是美國為更好地應對國際安全環境變化而做出的，其最終目的是為了最大限度地維護美國的國家利益。同時，這些調整也遵循一條經濟學基本規律：在不同的條件下，使用最少的軍費投入，得到最大的軍事效益。

第二節　美國的反恐政策

2001 年 9 月 11 日，早上 8：46 分，第一架飛機撞上紐約的世界貿易中心北樓；9：03 分，第二架飛機撞上世界貿易中心南樓；9：37 分，第三架飛機撞上首都華盛頓的五角大樓；10：03 分，第四架飛機原來的目標可能是白宮或國會大廈，由於機上人員與恐怖分子拼死搏鬥，最後飛機在賓州墜毀。世貿中心死亡 2,751 人，五角大樓死亡 125 人，賓州死亡 45 人，四架飛機上總共有 256 人喪生，並最終造成 3,000 多平民死亡。「9‧11」事件的死亡人數超過了 1941 年日本偷襲珍珠港的死亡人數。

2001年10月7日，以美國為首的聯軍對阿富汗基地組織和塔利班開戰，以對「9·11」事件進行報復，這也標誌著反恐戰爭的開始。聯軍官方稱這場戰爭的目的是逮捕本·拉登等基地組織成員並懲罰塔利班對恐怖分子的支援。

國土安全。國土主要指一個國家主權範圍內的領陸、領水、領空和底土四個方面的安全，這是傳統的國家生存空間範圍的安全。隨著科學技術的發展以及經濟技術開展和經濟發展的需要，國家生存空間領域也在不斷拓展，網域、天域和經濟海域等空間的安全也需要引起重視。

政策制定。布希提出了三項新戰略以應對恐怖分子：第一，繼續在全球範圍內對抗基地組織及其追隨者。美國將不再簡單地將恐怖主義定性為一種單純行為。美國將「繼續在全世界奮戰，絕不讓他們在美國重現」。第二，美國向所有國家再次表明：「不管哪個國家，哪個人，只要你寬容恐怖分子，你就被視同恐怖分子，你就是美國的敵人。」第三，美國將提出一個大膽的、新的「自由綱領」，以戰勝這些「邪惡的意識形態敵人」。這個「自由綱領」將得到包括中東國家在內的「自由力量」的支持。在遭受美國建國以來最大的恐怖活動襲擊——「9·11」事件後，美國國會通過了由美國總統布希提議、大多數美國人民支持的法案——《愛國者法案》。

恐怖活動的性質：它是直接針對無辜平民的政治暴力，以一種非理性的方式來換取民眾對自己的關注。隨著時代的發展，此類活動的規模正在發展壯大。

2001年9月11日由恐怖主義者挾持的美國客機撞擊美國世界貿易中心，本想以此達到讓美國人屈服於自己的目的，結果卻與恐怖主義者的預期大相徑庭，它喚起了美國人民的反恐意識，國民意識空前高漲，於是《愛國者法案》應運而生。

《愛國者法案》的執行：美國對於反恐一直都是以威懾這種方式進行的，即任何針對美國的恐怖攻擊行為都將會對其本國帶來毀滅性的打擊，同時也警示那些給恐怖分子提供支持的國家和組織，如敘利亞、伊朗、伊拉克，等等。

其條款如下：

（1）自由竊聽。允許對任何嫌疑人進行自由竊聽，不需要報告。

（2）互聯網跟蹤。允許執法部門進行網路跟蹤。同時也不需要委託書。

（3）交易記錄。允許調查人員獲取嫌疑人信用卡消費記錄等。

（4）查封和扣押。可以對嫌疑人進行財產凍結，而解凍則需要嫌疑人本人提供非恐怖分子證據。

（5）拘留。在沒有司法命令的情況下，可以對嫌疑人拘留很長一段時間。

（6）禁止恐怖分子偷渡海關。已經偷渡的或圖謀偷渡的人，都被認為是恐怖主義者。

由於獲取外國情報局的搜查令速度太慢，總統作為戰場最高指揮官，可以用自己的方式收集情報，同時創立了外國情報監視局，其目的就是在需要時做出最快的反應動作。

對於在反恐戰爭中被捕獲的人，包括在本國和在其他國家被捕獲的人，美國國會不會給予其任何權利，但在言辭上承諾會給予人道主義待遇。總統以戰時最高指揮官的權力成立特別軍事法庭，審判這些恐怖分子。

「9‧11」事件過後，美國總統布希發表全國電視演說，並發動了反恐戰爭。美國的「全球反恐戰爭」已經在伊拉克、阿富汗等地陷入泥潭，交織著各方矛盾的中東地區呈現處處冒菸的危機狀態。面對這種形勢，面對美國國內民眾及政治對手的全面質疑，美國總統布希 2011 年 8 月 31 日在美國退伍軍人大會上，正式將美國的「全球反恐戰爭」重新定義為「反伊斯蘭法西斯戰爭」，指明美國的這場戰爭是「一場 21 世紀的意識形態決戰」，是「西方的民主自由力量」與「伊斯蘭法西斯主義」的一場戰爭。他在奢談「民主與自由」之後，強調「伊斯蘭法西斯主義」是 20 世紀法西斯主義、納粹主義的繼承者。他承認「這場戰爭將是艱苦的，將是長期的，但是『自由和民主』必將

取得勝利，極端主義勢力必將失敗」。同時總統經常設置新的官僚機構，已表明其對堅持某一政策方向的承諾和保證，並設立國土安全辦公室，由賓夕法尼亞州最有聲望的州長湯姆·里奇做部長，但里奇並沒有被授予直接的保護國家免受恐怖主義威脅的權力，而是被授權協調40多個獨立行政部門的反恐行動。在2002年年底，認為政府在確保美國公眾不受恐怖襲擊的行動方面做得不夠的批評越來越多，布希總統建議建立一個新的國土安全部。

美國國土安全部的格言是：保衛我們的自由。

美國國土安全部主要由四大業務分部組成，包括：信息分析與基礎設施保護分部，化學、生物、放射與核對抗措施分部，邊境與運輸安全分部以及應急準備與反應分部。除了一個負責協調與州、地方政府和私營部門相關事務的機構外，特勤處、海岸警衛隊也將作為獨立機構存在。

（1）信息分析與基礎設施保護分部。它負責收集和分析來自其他機構的涉及國土安全威脅的情報和信息，全面評估關鍵基礎設施應對恐怖主義者的能力。

（2）化學、生物、放射和核對抗措施分部。它負責領導聯邦政府應對恐怖分子威脅的準備和反應工作，包括對付大規模殺傷武器威脅和集團性恐怖主義行動。

（3）邊境與運輸安全分部。它統管主要邊境、領海和運輸安全。

（4）應急準備與反應分部。它負責監視國內災難準備訓練，協調政府各部門的災難反應行動。

（5）特勤處的主要任務是保護總統和其他政府要員的人身安全。

（6）海岸警衛隊負責保護主要公共建築物、水域和港口，都要直接向部長匯報。

創建國土安全部的政策評估：或許這個部門有效性的最大障礙是聯邦機構對國家安全的過度干預——聯邦調查局、中央情報局、國防部的情報和反恐部門的情報等都不在國家安全部

的管轄範圍內。而且，這個新部門還負責與這些機構進行協調。這就要求對從國內外收集到的恐怖襲擊信息進行綜合分析——一項令人生畏和頭痛的任務。

美國在「9·11」事件之後最明顯的變化是採取了反恐攻勢。在「9·11」事件之前，由於害怕恐怖分子報復，美國在反恐方面比較謹慎。不單是美國，世界上所有國家甚至普通人，大部分都懾於報復而對恐怖分子退避三舍。「9·11」事件把美國打急眼了，伴隨著「要麼和我們在一起，要麼和恐怖分子在一起」的叫囂，美國採取了「先發制人」的戰略，發動了反恐戰爭。且不論美軍在戰場上表現如何，起碼在美國國內，大規模的恐怖襲擊越來越罕見。這可以認為是攻勢反恐的最明顯的效果。攻勢反恐對於打擊恐怖主義是非常重要的。如果說因美國的反恐戰爭遲遲未決而難以說明問題，那麼以色列打擊哈馬斯的例子可能更有說服力。自2001年10月到2004年，以色列遭到了猛烈的自殺式人肉炸彈襲擊，幾年時間內發生大小襲擊100多起。2004年3月，以軍發動空中打擊，炸死了哈馬斯精神領袖亞辛；4月，以同樣的方式炸死了哈馬斯領導人蘭提西。在以色列實施暗殺行動之後，人們普遍認為以色列會遭到報復，然而事實與人們的想像正相反：以色列每進行一次大動作，其安全形勢就會有相應的好轉。

「9·11」事件後，美國視中東為恐怖主義的大本營和滋生地，決意對中東進行「民主改造」，用美式民主和價值觀遏制、淡化伊斯蘭教的影響，從政治、思想和文化上控制這些國家，並許以經濟上的好處，以平息阿拉伯國家中反美、仇美情緒，消除產生針對美國的恐怖主義活動的根源。在伊拉克戰爭之後，美國推出了一個「大中東民主計劃」，但這一計劃遭到了中東地區主要國家的反對，不久就杳無聲息了。

技術反恐

在打擊恐怖分子的具體手段上，美國更多地依賴高技術，可以說是技術反恐。在伊拉克和阿富汗前線，美軍依靠各種高

技術裝備與當地反美武裝作戰。2011年5月1日擊斃本·拉登的行動中，美國人在高度緊張的情況下墜毀了一架隱形直升機，可見美軍的技術優勢超過了一般人的想像。反恐戰爭打了10年，美軍陣亡6,200多人，比起美軍在越南的10年、蘇聯在阿富汗的10年，傷亡減輕很多，技術進步就是主要因素之一。

例如，對付狙擊手，美軍就採取了很多技術措施，如無人機+精確制導小炸彈、熱像儀、聲波探測儀、遙控武器站、激光制導迫擊炮彈、大口徑狙擊槍，等等。根據美軍方統計，在伊拉克發生的狙擊事件數量是：2006年386起，2007年280餘起，2008年180餘起，到2009年，美軍沒有遭到狙擊！

在美國國內，也是依靠技術手段反恐，用得最多的手段是竊聽，其次是各種透視掃描儀器。美國的竊聽技術世界一流，據外電報導：全球1/10的電話曾被美國國家安全局監聽過；各國首腦的談話更是美國情報機構竊聽的重點。美國國家安全局一名官員說：「幾乎沒有哪一國總統的聲音未在我們特工的耳機裡出現過。他們要麼是在辦公室裡打電話時被竊聽，要麼是訪美期間在飯店房間裡被監聽。」此外，據說美國有能力偷看世界上大部分的電子郵件、偷聽（看）大部分的網上聊天。

經濟反恐

恐怖分子的活動以雄厚的資金為後盾，賓·拉登所創建的金融帝國的觸角伸到了世界各大洲。美國要切斷恐怖分子的資金來源，就必須與國際組織和其他國家的金融機構合作。「9·11」事件後美國把爭取國際合作、在金融領域打擊恐怖分子作為其國際反恐戰爭的重要內容之一。

美國政府公布了一份名單，宣稱被列入名單的27個機構和個人與恐怖主義組織有牽連，因而將凍結它們在美國和其他國家的財產。美國政府還宣布，他們已查明，以拉登為首的恐怖組織的財產分佈在亞、非、歐、美55個國家。與其他領域的國際反恐戰爭一樣，美國在呼籲金融領域的反恐國際合作時，常常這樣說：恐怖主義不僅針對美國，它也是對整個人類文明社

會的挑戰；如果恐怖主義不受懲罰，其他國家的城市和民眾就有可能是下一個目標。與此同時，美國也提請世界各國的銀行和金融機構注意：「我們將會與它們的政府合作，請求它們凍結或限制恐怖分子獲得在外國帳戶上的那些資金的能力。如果它們不在凍結帳戶方面幫助我們的話，財政部現在已得到授權去凍結它們的銀行在美國的資產和交易。」

　　與此同時，布希總統下令在財政部成立了「恐怖分子外國資產追蹤中心」，由來自情報部門、執法部門和金融規章制定部門的代表組成，其核心任務就是處理全球範圍內有關恐怖主義組織金融資產的事務，其收到的信息將用於鑑別和阻斷恐怖分子的財源，瓦解其財政基礎。這樣，按布希的話說，美國已在國際金融領域發展出一種相當於「要犯通緝」名單那樣的東西。他提請金融界注意，如果你與恐怖分子做生意，如果你支持或資助他們，你就不能與美國做生意。美國呼籲國際合作以切斷恐怖分子財源的努力得到了世界上大多數國家的回應。巴基斯坦、哥倫比亞、哥斯達黎加、捷克和韓國等迅速採取配合措施，凍結了不少涉嫌與恐怖組織有瓜葛的帳戶和財產。「9・11」事件發生後一個月，美國與其他國家共凍結阿富汗塔利班政權、基地組織及拉登的資產達 2,400 萬美元。10 月 20 日，40 多個歐洲國家在布魯塞爾開會籌組全球反恐聯合陣線時，同意採取更廣泛的行動來凍結與恐怖分子有關的資產。日本大藏省在 10 月 19 日公布的該國凍結與塔利班政權相關資產的進展情況表明，被凍結的相關銀行帳戶共有 31 戶，存款額達 9,000 萬日元。巴林財政部部長則在 10 月 13 日表示，「海灣合作委員會」6 個成員國已達成協議，同意根據美國公布的名單，凍結恐怖主義組織或個人在它們國家的資產。美國財政部部長奧尼爾在 11 月 18 日宣布，到那時為止，全球已有至少 120 個國家加入美國發起的凍結恐怖主義組織資產的國際行動，阿富汗塔利班政權及基地組織在全球已有至少 5,600 萬美元的資產被凍結。與情報分享比較，美國在從事國際金融領域的反恐戰爭時更注意發揮國際組織的作用，通過與聯合國、歐盟的緊密合作，通過 7 國集

團這一機制，去限制恐怖主義組織利用國際金融體系的能力。「9·11」事件后，美國行政當局除請求參議院迅速批准美國已經簽署了的《關於禁止向恐怖主義提供資金的聯合國公約》外，還積極在聯合國推動該公約的落實。聯合國安理會在「9·11」事件後，呼籲其成員國凍結恐怖嫌疑分子的資產，並在11月底下令在全球範圍內凍結阿富汗塔利班政府官員的資產，進一步擴大了可進行資產凍結的個人或恐怖組織的名單。新名單包括152名塔利班政權官員，除奧馬爾外，塔利班政權各部門頭頭也全都榜上有名。另外，美國還通過7國工業財長會議，呼籲各國盡快成立金融調查單位（FIUs），並推動由29個國家組成的金融行動特別小組（FATF）在10月下旬召開會議，強調加強國際合作，斷絕恐怖分子的資金來源。美國在國際金融領域的反恐戰爭得到了大多數國家及有關國際組織的支持和回應，迅速取得一定成效。但複雜的國際形勢和國際銀行系統的特殊性，注定了在國際金融領域的反恐戰爭將是一場艱苦的持久戰。

恐怖主義威脅

通過威懾維持和平與安全的戰略首先基於「敵人是理性的」這個假想條件——理性的敵人不願意因自身的侵略行為，而給自己、給人民、給自己的國家帶來死亡和破壞。半個世紀以來，在2001年9月11日恐怖主義分子襲擊美國之前，美國的國家安全防禦戰略主要依賴於威懾——使潛在的敵國確信，任何對美國的攻擊都會給敵國本身及其人民造成毀滅性的損失。但是「9·11」事件喚起了美國對恐怖主義威脅的意識——恐怖主義就是由敵人精心謀劃的對民間目標的攻擊，恐怖分子為了所謂的事業而願意犧牲自己及其人民。

「9·11」恐怖襲擊最終造成紐約和華盛頓3,000多名平民死亡。平民乘坐的商業航班被劫持，並以極高的速度直接撞向美國經濟和軍事力量的標誌性建築——紐約世界貿易中心和華盛頓的五角大樓。紐約市最大建築物倒塌的電視畫面對美國人民造成了長期的影響。美國發現自己處於一場新型戰爭——反

恐戰爭中，隱密的敵人處心積慮地想殺死盡可能多的無辜平民。

恐怖主義的目標是直接針對無辜平民的政治暴力。恐怖主義對平民來說是野蠻的，但它並非缺乏理性的。恐怖分子並不是瘋子。他們的首要目標是以最誇張的方式來宣告他們的苦難、他們對暴力的責任以及對人類生命的漠視。在最初的階段，恐怖主義行動的成功度，與它受到的公眾關注度是直接聯繫的。恐怖主義集團高興地聲稱它們對自己的行動負責。事件越恐怖，損失越大，死亡人數越多，媒體的報導越多，就越有利於恐怖分子達到吸引公眾注意力的目的。

恐怖主義的發生與發展有著十分複雜的社會歷史根源，反恐鬥爭不是一朝一夕就能成功的。反恐應從兩個方面著手：一是嚴厲打擊現存的恐怖主義；二是防止潛在恐怖主義的產生。要不斷拓寬國際反恐鬥爭合作領域，使恐怖分子無處藏身。跨國活動是恐怖主義的主要活動方式之一，「一地策劃，異地實施」的恐怖活動迫使國際社會必須進行反恐鬥爭合作。從當前的實際情況看，國際反恐鬥爭合作的基礎仍是雙邊合作。面對共同的恐怖主義威脅，從維護國家安全的角度出發，採用雙邊合作方式較有成效。國際反恐鬥爭的多邊合作正在蓬勃發展，這主要體現在一些地區性組織的反恐鬥爭合作上。基於一定的地緣與共同的利益，目前合作趨勢良好。但這兩種層面上的反恐合作仍有一定的局限性，因為恐怖主義不會受這種合作區域的限制。因此，全球性反恐鬥爭合作仍亟待在國際公約的基礎上建立、完善並機制化。國際反恐鬥爭合作的一個重要方面，就是要用具體的措施來充實和完善各種反恐協議、協定與公約，國際反恐鬥爭合作的領域也應隨之不斷擴大。由於恐怖主義問題涉及方方面面，因此反恐合作既要有道義上的支持，也要有司法上的合作；既要有情報交流，也要有技術合作；既要有經濟制裁，也要有聯合軍事打擊；既要有國家領導人的會面商談，也要有具體執行部門的相互協助，從而從各個方面最大限度地限制恐怖分子的活動空間，切斷恐怖組織的資金來源，使恐怖分子無論躲到哪裡，都難以逃脫法律的制裁。要加強聯合國在

國際反恐怖鬥爭中的主導作用。反恐鬥爭既是一項長期的任務，也是一項複雜的工程，這需要國際社會的共同努力才能完成。為了解決當前反恐鬥爭中存在的問題，使國際反恐合作朝著健康的方向發展，美國要依託聯合國發揮更大作用，以聯合國為框架，建立和完善全球性的反恐鬥爭合作機構。美國認為這是徹底解決恐怖主義問題的根本途徑。

內容回顧：

　　博弈理論模型認為世界主要大國的國防政策是相互依存的，政策的結果依賴於世界各國所做出的綜合考慮。美國主要依靠威懾政策來維持和平。恐怖主義是一種目標指向無辜平民的政治性暴力，它的目的是引起人們的恐慌，並削弱人們對本國政府保護他們能力的信心。美國通過技術反恐、經濟反恐、情報反恐、全球性反恐等多種方式展開反恐鬥爭。
　　學習本章，應重點掌握下列幾個知識點：國防政策的制定及其產生的問題、反恐政策、技術反恐和經濟反恐、恐怖主義威脅。

復習思考題：

一、選擇題

1. 美國的國防政策主要依靠（　　）政策來維持和平。
　　A. 冷戰
　　B. 防禦
　　C. 反恐
　　D. 威懾

2. 美國主要依靠威懾政策來維持和平。為了執行其威懾戰略，美國建立了「三合一」武器系統，其中不包括下列（　　）項。
　　A. 陸基洲際彈道導彈

B. 潛射彈道導彈

C. 戰略轟炸機

D. 薩德反導彈系統

3. 美國和蘇聯在 1963 年達成了下列（　　）項協議，禁止在空中、水下和太空進行核試驗，只允許進行地下核試驗，認為這樣可以減少大氣中的放射性物質。

A.《部分禁止核試驗條約》

B.《限制地下核試驗條約》

C.《國家安全法》

D.《埃伯斯塔特報告》

4.《愛國者法案》不包括下列（　　）條款。

A. 自由竊聽

B. 互聯網跟蹤

C. 交易記錄

D. 要犯通緝

5. 美國國土安全部的格言是（　　）。

A.「保衛我們的自由」

B.「先發制人」

C.「積極應對」

D.「維護和平」

答案：1. D　2. D　3. A　4. D　5. A

二、思考題

1. 分析 2016 年美國國防戰略與軍隊建設政策動向。
2. 恐怖活動的性質是什麼？
3. 什麼是經濟反恐和技術反恐？

參考文獻

【1】理查德·謝弗. 社會學與生活［M］. 趙旭東, 譯. 北京: 世界圖書出版公司, 2010.

【2】D. C. 繆勒. 公共選擇理論［M］. 楊春學, 譯. 北京: 中國社會科學出版社, 1994.

【3】查爾斯·韋蘭. 公共政策導論［M］. 魏陸, 譯. 上海: 上海人民出版社, 2014.

【4】托馬斯·R. 戴伊. 理解公共政策［M］. 謝明, 譯. 北京: 中國人民大學出版社, 2011.

【5】佛蘭克·冷斯. What American Really Want?［M］. 邵杜罔, 譯. 北京: 人民郵電出版社, 2014.

【6】詹姆斯·E. 安德森. 公共決策［M］. 唐亮, 譯. 北京: 華夏出版社, 1990.

【7】約翰·W. 金登. 議程、備選方案與公共政策［M］. 丁煌, 等, 譯. 北京: 中國人民大學出版社, 2004

【8】戴維·L. 韋默. 政策分析: 理論與實踐［M］. 戴星翼, 等, 譯. 上海: 上海譯文出版社, 2003.

【9】佛蘭克·費希爾. 公共政策評估［M］. 吳愛明, 等, 譯. 北京: 中國人民大學出版社, 2003.

【10】蓋伊·彼得斯. 公共政策工具［M］. 顧建光, 譯. 北京: 中國人民大學出版社, 2007.

【11】查爾斯·E. 林布隆. 政策制定過程［M］. 林國斌, 譯. 上海：上海譯文出版社，1988.

【12】杰伊·沙夫里茨. 公共政策經典［M］. 彭雲望, 譯. 北京：北京大學出版社，2008.

【13】羅伯特·A. 達爾. 現代政治分析［M］. 王滬寧, 等, 譯. 上海：上海譯文出版社，1987.

【14】斯科特·普勞斯. 決策與判斷［M］. 施俊琦, 等, 譯. 北京：人民郵電出版社，2004.

【15】陳慶雲. 公共政策分析［M］. 北京：北京大學出版社，2006.

【16】張金馬. 政策科學導論［M］. 北京：中國人民大學出版社，1992.

【17】張金馬. 公共政策分析：概念、過程、方法［M］. 北京：人民出版社，2004.

【18】張國慶. 公共政策分析［M］. 上海：復旦大學出版社，2004.

【19】謝明. 公共政策案例分析［M］. 北京：中國人民大學出版社，2009.

【20】謝明. 公共政策導論［M］. 3 版. 北京：中國人民大學出版社，2012.

國家圖書館出版品預行編目(CIP)資料

美國社會的公共政策 / 張晟、王丹 主編. -- 第二版.
-- 臺北市：崧燁文化，2018.08

 面 ； 公分

ISBN 978-957-681-382-5(平裝)

1.公共政策 2.美國

572.9   107011655

書　名：美國社會的公共政策
作　者：張晟、王丹 主編
發行人：黃振庭
出版者：崧燁文化事業有限公司
發行者：崧燁文化事業有限公司
E-mail：sonbookservice@gmail.com
粉絲頁　　　　　　　網　址：
地　址：台北市中正區重慶南路一段六十一號八樓815室
8F.-815, No.61, Sec. 1, Chongqing S. Rd., Zhongzheng
Dist., Taipei City 100, Taiwan (R.O.C.)
電　話：(02)2370-3310 傳　真：(02) 2370-3210
總經銷：紅螞蟻圖書有限公司
地　址：台北市內湖區舊宗路二段121巷19號
電　話：02-2795-3656 傳真：02-2795-4100 網址：
印　刷：京峯彩色印刷有限公司（京峰數位）

　　本書版權為西南財經大學出版社所有授權崧博出版事業股份有限公司獨家發行電子書繁體字版。若有其他相關權利需授權請與西南財經大學出版社聯繫，經本公司授權後方得行使相關權利。

定價：300 元
發行日期：2018 年 8 月第二版

◎ 本書以POD印製發行